今日から
安全衛生担当
シリーズ

酸素欠乏危険作業主任者の仕事

福成雄三 著

目　次

はじめに・7

　〈著者はこんな人〉・9

Ⅰ．作業主任者になった

　1．大丈夫？・12

　2．酸欠作業主任者として決意する・14

　3．責任を負う？・16

　4．法律がめざすこと・18

　5．選任された・20

　6．支えられて・23

Ⅱ．酸素がない場所、硫化水素がある場所

　1．酸素が要る・28

　2．もう一度確認する・30

　3．酸欠危険場所以外での酸欠の危険・34

　4．硫化水素中毒も酸欠？・36

　5．酸欠になる場所はどこ・38

　6．安全にできる・40

　7．酸素濃度などの判断・42

　8．どんなことが起きそう・44

　9．変わっていく？・46

　10．準備しておきたい・48

　11．リスクを確認する・50

12. 相談したい・52
13. 頼りにする・54
14. もしもの時・56

Ⅲ. いざ作業

1. 決定する・60
2. 測定する・64
3. 指揮する・67
4. 監視する・70
5. 監視人がいても・72
6. とっさの判断・74
7. 見まわして感じる・76

Ⅳ. 知っておきたい

1. 酸素濃度19%のアクション・80
2. 硫化水素いろいろ・84
3. 換気できているか・86
4. 空気呼吸器を活かす・92
5. 送気マスクを活かす・98
6. 防毒マスクは絶対「ノー!!」・100
7. 要求性能墜落制止用器具？・102
8. 表示を見る・104
9. ボンベにセンサーに・106

Ⅴ．さすが 作業主任者

1．作業主任者への共感・110
2．作業前に一言・112
3．作業中の一言・115
4．作業終了後に一言・117
5．定期的に確認する・118
6．リスクアセスメントに加わる・120
7．酸欠だけでなく・122

Ⅵ．みんなの力で

1．職場で勉強会をしてみよう・124
2．講師にチャレンジ・127
3．ヒヤリ・ハットを活かす・130
4．作業主任者同士で知恵を出し合おう・132

Ⅶ．役に立ててください

1．チェックリストの例・136
2．クイズネタ・138
3．ネタ探し（情報源）・140

おわりに・142

はじめに

　酸素欠乏危険作業主任者（以下、作業主任者）は責任の重い仕事です。「安全に仕事ができる」ことを確認することが作業主任者の役割だからです。目の前の同僚の命（言い換えると「死」）に関わる仕事です。

　技能講習を受けて、筆記試験に合格して…、実技試験は緊張しませんでしたか。資格を取って「よかった」では終わりません。「始まり」です。

　技能講習を受けて、作業主任者の仕事は理解できたでしょうか。たくさんの内容の説明があったから大変だったと思います。思い出せないことがあれば、作業主任者技能講習テキスト（以下、作業主任者テキスト）で丁寧に確かめるようにしてください。

　この知識と技能を活かして、作業主任者の仕事を実際に始めることになります。このように言われても、とまどうかもしれません。この本では、作業主任者としての仕事を実際に始めるに当たっての考え方やヒントになることをまとめています。テキストではなく、気付きを促すヒント集と考えてください。

　作業主任者の職務は、職場で酸素欠乏症や硫化水素中毒を起こさないようにすることですが、加えて、作業主任者が職場のキーパーソンとして頼りにされて、職場の全員が前向きな気持ちを持って安全にいい仕事ができるようになればいいと思いながら執筆しました。参考になれば幸いです。

＜法令通りの表現はしていません＞

　この本は法令（法律や関係する命令（政令・省令）など）の規定に沿った対応をすることを前提にして、実際の作業でどのように考えて職務に当たればいいのかということをまとめました。

　ただし、法令に基づいた厳格な言葉遣いはしていません。たとえば、「酸素欠乏」のことを「酸欠」などと簡略に表現しています。第一種酸素欠乏危険作業と第二種酸素欠乏危険作業を厳密に区分しないで記載するなどということもしています。参考などで引用した法令も、わかりやすさを優先して、法令の趣旨を損ねないように表現を変えているところもあります。法令は基本的には「事業者」が実施すべきことを示していますが、厳格に表現すると複雑で理解しにくくなってしまいますので、主語を抜くなどざっくりと表現しています。肝心なことは、酸素欠乏症や硫化水素中毒を発生させないことだと考えてまとめていると理解してください。法令に基づく厳密な対応をしなければならない場合や、正確な表現を用いなければならない場合は、作業主任者テキストなど（「Ⅶ－3．ネタ探し（情報源）」参照）や法令を確認してください。

　法令に関すること以外でも、わかりやすさや実際の作業での的確な判断ができることを優先して大雑把な表現をしているところがあります。

＜謝辞＞

　この本の執筆にあたり、直近の作業主任者技能講習の内容を確認させてもらうべく公益社団法人東京労働基準協会連合会の技能講習を聴講させてもらいました。事務局並びに各講師のみなさまのご厚意に御礼申し上げます。

＜著者はこんな人＞

　長年、企業で安全衛生管理の企画の仕事をしてきました。重厚長大産業（重たい物などを大きなエネルギーを使って扱う産業）で長く勤務していた中で、社員や協力会社社員の死亡災害もありました。「人は簡単に死んでしまう」と感じたことが何回もあります。一生懸命仕事をしている人が、仕事のために死ぬようなことはなんとしてもなくさなければと思ってきました。

　酸欠による死亡災害は社内ではありませんでしたが、若いころに勤務した事業場は1万人を超える人が働いていて、たくさんの酸欠危険場所があり、同僚と分担して全か所確認しました。法定の酸欠危険場所（労働安全衛生法施行令別表第6）に該当しないけれども酸素欠乏の状態が生じるおそれのある場所も、各職場の人たちと相談して管理の対象としたことを覚えています。酸欠危険場所には法令で定められた標識（看板）などを設置しただけでなく、入口扉などに、「酸素濃度測定をして安全を確認してから入場する必要がある」酸欠危険場所であることがよく分かるように太い赤枠表示をしたりしました。酸欠作業主任者の有資格者は事業場内に数百人いましたので、年に1回は職場で勉強会ができるように資料（小テスト）を作って提供したりもしていました。

　本書は、作業主任者である読者のみなさんが、苦労したり、悩んだりしている姿を思い浮かべながら、生き生きと活躍してもらえるようにと思って執筆しています。

9

I

作業主任者になった

作業主任者の置かれた立場について考えながら、求められる職責（仕事の責任）をもう一度確認し、その職責を果たすためにどのようにしたらいいのかについて考えてみます。

1. 大丈夫？

　「なにが大丈夫？」なのでしょうか。それは、あなたの考え方です。特に経験に基づく考え方です。毎年、多く（50万人以上）の人たちが、仕事が原因でケガをしたり、病気になっています。ケガや病気になる人たちのほとんどは、このようなこと（けがや病気）になるとは思っていなかったでしょう。「大丈夫！」、少なくとも「自分は大丈夫！」と思っていたのではないでしょうか。

　そうなんです。大半の仕事ではケガや病気になることは、「めったにない」のです。「この仕事をすれば必ずケガや病気になる」とわかっていれば、きっとケガや病気にならないように対策をしたり行動するはずです。「今まで大丈夫だったから」と思うことはないでしょうか。過去にケガや病気でつらい思いをした経験があれば、違うかもしれませんが、このような気持ちも時間がたてば変わって（うすれて）きます。

　あなたの意識はどうでしょうか。一緒に仕事をする同僚はどうでしょうか。たとえ「大丈夫」と思うことがあっても、「大丈夫でないことも起きるかもしれない」と考え直してください。酸欠危険作業の場合は、「大丈夫でないこと」は「死」につながります。酸欠作業主任者は「とても危険な作業の責任者」だという意識をしっかりと持って仕事に臨んでください。

　作業主任者は、同僚の安全に責任を持つ立場です。ケガや病気が

起きてから悔やむようなことはしたくありません。

2. 酸欠作業主任者として決意する

　酸欠作業主任者の職務は、同僚の安全に直結します。もっとストレートな表現を使えば、「命を預かる」仕事と言ってもいいでしょう。特に酸素濃度や硫化水素濃度の測定については、酸欠危険作業では作業主任者しか実施する人がいません。同僚が安全な環境で仕事ができるかの確認をする責任者と言ってもいいでしょう。重い責任を担っていることになります。

　ところで、酸欠作業主任者として指揮をとらなければならないときに、職場の同僚は全員あなたの言う通りに指揮に従ってくれるでしょうか。人を指揮し、動かすことはなかなかむずかしいことです。それでも作業主任者はその職務を遂行することが必要です。「残念ながら」などと言ったら叱られますが、法律が求めているのです。

　では、法律がなければ作業主任者の役割を担う人はいらないのでしょうか。職場の仕事で酸欠のおそれがある限り、誰かが作業主任者の役割を果たさなければ、職場の同僚が安全に仕事ができないということになりませんか。

　完璧に作業主任者の職務を果たすことができることが理想ですが、現実にはむずかしいこともあるかもしれません。たとえそうであっても、絶対にはずしてはいけないことがあります。それは「自分自身を含めて、命と健康を最優先にして判断する」ことです。ぶれずにこのような判断ができることが、作業主任者に求められていると認識しておきましょう。このような判断ができると、職場の同僚から頼りにされる存在ということになります。

　選任されたときは、緊張感があってぎこちない対応しかできなかったことが、月日を重ねる内に、慣れてきます。その一方で、妥

14

協したりすることが増えてくるかもしれません。日々責任を重く感じながらということはむずかしいかもしれませんが、それでも、酸素濃度の測定など絶対に手を抜いてはいけない仕事が作業主任者の仕事です。どのようなことがあっても、「命と健康を最優先にする」ことを作業主任者として決意しておいてほしいと思います。

3. 責任を負う？

　「責任を負う」ということは、他の人から非難されたり責められないようにすることだと思いがちです。このように考えるよりも、「同僚の安全を考えて仕事をする」ことが、責任を果たすことにつながると考えてください。前向きな気持ちで仕事に取り組むことにつながります。

　また、同僚に対して「自分が作業主任者として責任を負っているから、キチンとやってくれ」と言いたくなる気持ちになることはないでしょうか。間違っていないと思いますが、同僚から見ると「あの人は、自分の責任を追及されないように自分たちに "あれやれ""これやれ" と言う」などと思われないでしょうか。責任を負うのは、同僚の安全に関してであり、作業主任者（あなた）のためではないと考える方が、同僚の共感を得て、作業主任者の仕事を全うできるのだと思います。あなたに合った責任の取り方を考えてみてください。

　もちろん、作業主任者としての法令上の責任があることは忘れないようにしてください。

I 作業主任者になった 17

4. 法律がめざすこと

　作業主任者技能講習で学んだとおり、作業主任者の制度は労働安全衛生法（酸素欠乏症等防止規則：酸欠則）で規定されています。作業主任者の責任に関連する労働安全衛生法の規定について簡潔に振り返っておきましょう。

労働安全衛生法　第1条（目的）

　この法律は、…職場における労働者の安全と健康を確保するとともに、快適な職場環境の形成を促進することを目的とする。

　労働安全衛生法は、あなたを含めた「労働者の安全と健康を確保する」ことを目的とした法律です。この法律の下で作業主任者として同僚の安全と健康についての役割を担うことに誇りを持って活躍してもらいたいと思います。

労働安全衛生法　第14条（作業主任者）

　事業者は、…労働災害を防止するための管理を必要とする作業で、政令で定めるものについては、…免許を受けた者または…技能講習を修了した者のうちから、…当該作業の区分に応じて、作業主任者を選任し、その者に当該作業に従事する労働者の指揮その他の厚生労働省令で定める事項を行わせなければならない。

　労働安全衛生法は、第1条に規定した目的を果たすために、事業者（会社など）に対して作業主任者を選任して、作業の指揮などを行わせることを求めています。この第14条の規定を受けて、酸欠則に酸欠作業主任者の職務などについて規定があります。技能講習で習ったとおりです。

> **労働安全衛生法　第119条（第12章　罰則）**
> 　次の各号（省略）のいずれかに該当する者は、6月以下の懲役または50万円以下の罰金に処する。
> **労働安全衛生法　第122条**
> 　法人の代表者または法人…、使用人その他の従業者が、その…業務に関して、…第119条…の違反行為をしたときは、行為者を罰するほか、その法人または人に対しても、各本条の罰金刑を科する。

　労働安全衛生法は、安全衛生対策が確実に実施されるように、違反があった場合の罰則を規定しています。ただし、労働安全衛生法に違反すればすぐに罰則が適用されるのかと言えば、そんなことはありません。現実に罰則が適用されるのは、ほとんどの場合「罰則を適用しなければならないほど悪質な法違反」です。罰則の適用は、最終的には裁判所（裁判官）の判断になります。

　法令に基づく行政機関（監督機関）としての指導などは、労働基準監督官等（労働基準監督署等）が行います。法違反があきらかなときには、労働基準監督官等から是正勧告書等の文書で指導がされます。

　労働安全衛生法の条文は、「事業者は、○○しなければならない」という表現が多く使われ、罰則のついた強制力のある規定がたくさんあります。実際の業務では、事業者（会社など）の役割を管理監督者や作業主任者が、事業者から託されて実施することが求められることも多く、重篤な災害が起きたときなどに管理監督者や作業主任者が法律上の責任を問われることもあります。ただし、このような罰則などのことについて普段から気にする必要はまったくありません。「罰則があるから」ではなく、「同僚の安全と健康のために」作業主任者として酸欠危険作業の管理をキチンとすると考えておきましょう。

Ⅰ　作業主任者になった　　19

5. 選任された

　いよいよ作業主任者としての仕事が始まります。酸欠危険作業で同僚（部下や上司も含めて）が酸欠症や硫化水素中毒にならないようにする役割を担うことになります。出番です。

　酸欠則で規定されている作業主任者の職務を大ざっぱに振り返っておきましょう。項目は4つで、①労働者が酸欠にならないないように作業方法を決定し指揮する、②作業開始前、作業再開前、異常が見られたときに酸素濃度や硫化水素濃度を測定する、③測定器具、換気装置、空気呼吸器等の器具や設備を点検する、④空気呼吸器等の使用状況を監視する、となっています。一言で言えば、「酸欠危険作業での安全確保」です。

　選任されたら、まず、あなたが作業主任者であることを職場の同僚（同僚）に知ってもらってください。既に職場の同僚全員がわかっている場合はいいのですが、不安がある場合は、職場のミーティングなどで、職場の同僚の前で宣言すればいいでしょう。あなたが管理者や監督者でなければ、上司と事前に相談して、上司から紹介してもらうといいでしょう。

　「作業主任者の職務は法令で○○のように決まっているんです」と職務内容の理解も得ておきましょう。「みんなと一緒に安全に仕事をしていきたい」と作業主任者としての心意気を宣言し、あわせて「酸素濃度（硫化水素濃度）測定は作業主任者の責任だから、キチンとやりたい」「『気になること』があれば、声をかけてください。安全な作業方法を一緒に考えたいと思います」などと伝えておいてください。「職場の同僚とともに安全な作業をしていきたい」という気持ちが伝わることが大切です。

なお、選任された作業主任者（あなた）が休暇や出張などで不在のとき誰が作業主任者としての職務を行うのかについて上司に確認しておいてください。不在時に作業主任者の職務を行う人（同僚）と課題を共有しておくことが必要です。

　職場内で作業主任者の有資格者で役割分担をすることもできます。たとえば、「酸素濃度を測定する」こととそれ以外の職務（「作業の指揮などをする」ことなど）を分担することができます。このような分担をするときは、分担する内容を明確にして、抜けが生じないようにしてください。このような分担は、自分たちで決めるのではなく、事業場として決めることになります。

Ⅰ　作業主任者になった

＜参考＞酸欠則で求められる作業主任者の職務

第11条

② 事業者は、第一種酸素欠乏危険作業に係る酸素欠乏危険作業主任者に、次の事項を行わせなければならない。

　1　作業に従事する労働者が酸素欠乏の空気を吸入しないように、作業の方法を決定し、労働者を指揮すること。

　2　その日の作業を開始する前、作業に従事するすべての労働者が作業を行う場所を離れた後再び作業を開始する前及び労働者の身体、換気装置等に異常があったときに、作業を行う場所の空気中の酸素の濃度を測定すること。

　3　測定器具、換気装置、空気呼吸器等その他労働者が酸素欠乏症にかかることを防止するための器具又は設備を点検すること。

　4　空気呼吸器等の使用状況を監視すること。

③ 前項の規定は、第二種酸素欠乏危険作業に係る酸素欠乏危険作業主任者について準用する。この場合において、同項第1号中「酸素欠乏」とあるのは「酸素欠乏等」と、同項第2号中「酸素」とあるのは「酸素及び硫化水素」と、同項第3号中「酸素欠乏症」とあるのは「酸素欠乏症等」と読み替えるものとする。

＜参考＞労働安全衛生規則による作業主任者の職務の分担

第17条（作業主任者の職務の分担）　…作業主任者を二人以上選任したときは、それぞれの作業主任者の職務の分担を定めなければならない。

6. 支えられて

　作業主任者は職場の同僚とともに安全を確保する立場ですが、リーダーです。リーダーの役割は、二つあります。一つは、作業主任者としての知識を活かして、酸欠や硫化水素中毒が発生しないように、作業前などに酸素濃度（硫化水素濃度）の測定を行い、作業方法を指揮したり、換気装置や測定器などの管理を実施することです。もう一つは、職場の同僚の力を引き出すことです。

　他の仕事でも同じで、同僚に支えられ、助けられて、はじめて「いい仕事」ができます。職場の同僚の力を得て、作業主任者の仕事をしましょう。もちろん、上司の支えも欠かせません。

　では、同僚の支えを得るために必要なことは何でしょうか。立場を入れ替えて考えてみると答えが見えてきます。作業主任者が別の人で、あなたが同僚や部下だと考えてみてください。筆者であれば、次のようなことを心がけます。

Ⅰ　作業主任者になった　　23

＜リーダーとしてこんなことに気を付けたい＞
・いろいろな見方・考え方を受け止めて判断する
・自分の持っている情報を幅広く伝える（「情報を伝える」ことは信頼
　と安心感につながります）
・わからないことはわからないと伝える（格好を付けない）
・わからないことを放置しないで調べる
・上司とのコミュニケーションをしっかり取る（上司の意向も踏まえる、
　一方で職場を代表して必要な意見・提言をする）
・職場の同僚の話を聞き、大切にする（「できない」と一蹴するような
　ことはせず、理解を示しながら対応する（なんでも言われるままに従
　うことではありません））
・問いかけ、相談しながら物事を進める（「こんな時どうしたらいいと
　思う？」→職場で検討する→合意する→みんなで実行する）
・安全のために言わなければならないことは、しっかりと言う（妥協し
　ないことが必要なこともあります）
・厳しい態度が必要な時がありますが、「怒る」ことではなく、「はっき
　りと」わかりやすくポイントを絞って真剣さを示す（くどくどと言っ
　たり、愚痴にしたり、後々まで引きずるような対応は同僚の気持ちが
　離れていくことにつながり、信頼も失います）

II

酸素がない場所、
硫化水素がある場所

どのような場所での作業が酸欠危険作業なのか振り返ってみましょう。知り尽くした職場や作業だと思いますが、作業主任者の立場で見ると見え方が変わりませんか。

1. 酸素が要る

　ほとんどの人は「ちょっとだけ酸欠」になったことがあります。身体全体を使う仕事をしたり、激しい運動をしたりした後に「息切れ」したことがあると思います。実は「息」が「切れる」のではなく、酸素が切れかかっていると考えた方が実態に近いでしょう。身体が必要とする酸素が足りなくなくなると「息切れ」します。身体（筋肉や臓器など）に十分な酸素がいきわたらない状態になると「しっかり呼吸して酸素不足を補え」という指令が脳から出て、一生懸命に息をしてたくさんの酸素を取り込もうとする状態です。運動などでは身体が消費する酸素量が増えるということですが、見方を変えれば、ちょっとだけ酸欠という状態です。高山のように空気中の酸素（絶対量）が減るためにたくさん空気を吸い込もうとする場合（高山病発生メカニズムは本当は複雑です）もあります。なお、息切れの原因は、肺などの機能低下や病気のこともあります。

　酸欠の症状は、「初期には、顔面のそう白（青白くなる）または紅潮（顔がほてったようになる）、脈拍及び呼吸数の増加、息苦しさ、めまい、頭痛等があり、ひどくなると、意識不明、けいれん、呼吸停止、心臓停止等がある」とされています。

空気中の酸素濃度	主な酸欠症の症状
12%〜16%	頭痛、耳鳴り、吐き気、脈拍・呼吸数増加、集中力低下
9%〜14%	頭痛、耳鳴り、吐き気、強い疲労感、脱力感、意識もうろう、墜落などの危険
6%〜10%	吐き気、動けない、虚脱、幻覚、昏倒、けいれん、死の危険
6%以下	失神、けいれん、死亡

　人が生きるために酸素は欠かせません。人は酸素濃度21%の中で進化して今に至っています。酸欠の状態は、作業場が「人が生きるために必要な環境になっていない」ということです。無防備なままこのような環境で仕事をすることがないように作業環境を確認し、作業を指揮することが作業主任者の仕事になります。

Ⅱ　酸素がない場所、硫化水素がある場所

2. もう一度確認する

　酸欠症や硫化水素中毒になるおそれのある場所がすべて法令に規定された酸欠危険場所になっている訳ではありませんが、基本です。もう一度確認しておいてください。

　酸素濃度が低くなる、あるいはあわせて硫化水素が発生する主な原因をまとめてみました。酸欠危険場所がどのような原因で酸欠になるのか考えてみてください。

① 　微生物や植物・果菜などの呼吸で酸素が消費される

② 　金属、油などが酸化（酸素と化学反応）して酸素がなくなる

③ 　生物などが腐敗（発酵や変質）するときに酸素が消費される

④ 　二酸化炭素や不活性気体が充満して酸素がない（少ない）状態になる

⑤ 　硫黄分を含んだ（硫黄が元素として含まれるなど）有機物（し尿、動植物、魚介類、木材、ゴミ、微生物など）が微生物によって分解されて硫化水素が発生する（「Ⅱ－4. 硫化水素中毒も酸欠？」参照）

Ⅱ 酸素がない場所、硫化水素がある場所　31

＜参考＞法定の酸欠危険場所（労働安全衛生法施行令別表第6）

1　次の地層に接し、又は通ずる井戸等（井戸、井筒、たて坑、ずい道、潜函、ピットその他これらに類するものをいう。次号において同じ。）の内部（次号に掲げる場所を除く。）

　　イ　上層に不透水層がある砂れき層のうち含水若しくは湧水がなく、又は少ない部分

　　ロ　第一鉄塩類又は第一マンガン塩類を含有している地層

　　ハ　メタン、エタン又はブタンを含有する地層

　　ニ　炭酸水を湧出しており、又は湧出するおそれのある地層

　　ホ　腐泥層

2　長期間使用されていない井戸等の内部

3　ケーブル、ガス管その他地下に敷設される物を収容するための暗きょ、マンホール又はピットの内部

3の2　雨水、河川の流水又は湧水が滞留しており、又は滞留したことのある槽、暗きょ、マンホール又はピットの内部

3の3[注]　海水が滞留しており、若しくは滞留したことのある熱交換器、管、暗きょ、マンホール、溝若しくはピット（以下この号において「熱交換器等」という。）又は海水を相当期間入れてあり、若しくは入れたことのある熱交換器等の内部（第二種酸欠危険作業）

4　相当期間密閉されていた鋼製のボイラー、タンク、反応塔、船倉その他その内壁が酸化されやすい施設（その内壁がステンレス鋼製のもの又はその内壁の酸化を防止するために必要な措置が講ぜられているものを除く。）の内部

5　石炭、亜炭、硫化鉱、鋼材、くず鉄、原木、チップ、乾性油、魚油その他空気中の酸素を吸収する物質を入れてあるタンク、船倉、ホッパーその他の貯蔵施設の内部

6　天井、床若しくは周壁又は格納物が乾性油を含むペイントで塗装され、そのペイントが乾燥する前に密閉された地下室、倉庫、タンク、船倉その他通風が不十分な施設の内部

7　穀物若しくは飼料の貯蔵、果菜の熟成、種子の発芽又はきのこ類の栽培のために使用しているサイロ、むろ、倉庫、船倉又はピットの内

部

8　しょうゆ、酒類、もろみ、酵母その他発酵する物を入れてあり、又は入れたことのあるタンク、むろ又は醸造槽の内部

9 [注]　し尿、腐泥、汚水、パルプ液その他腐敗し、又は分解しやすい物質を入れてあり、又は入れたことのあるタンク、船倉、槽、管、暗きよ、マンホール、溝又はピットの内部（第二種酸欠危険作業）

10　ドライアイスを使用して冷蔵、冷凍又は水セメントのあく抜きを行っている冷蔵庫、冷凍庫、保冷貨車、保冷貨物自動車、船倉又は冷凍コンテナーの内部

11　ヘリウム、アルゴン、窒素、フロン、炭酸ガスその他不活性の気体を入れてあり、又は入れたことのあるボイラー、タンク、反応塔、船倉その他の施設の内部

12　前各号に掲げる場所のほか、厚生労働大臣が定める場所（2018年末現在はなし）

（注）3の3、9での作業は硫化水素中毒のおそれもある場所…「Ⅱ－4．硫化水素中毒も酸欠？」参照

Ⅱ　酸素がない場所、硫化水素がある場所　　33

3. 酸欠危険場所以外での酸欠の危険

　法令（労働安全衛生法施行令）で酸欠危険場所とされている場所だけでなく、酸欠の状態になっていく（変化していく）場所や作業での管理を酸欠則（第3章「特殊な作業における防止措置」）が定めています。これらの「特殊な作業」は、法令上は作業主任者を選任して作業の指揮などをすることになる対象ではありませんが、酸欠症や硫化水素中毒にかからないようにする必要があることを頭に入れておきましょう。酸素濃度測定の方法について知識のある作業主任者に出番があるかもしれません。

＜参考＞酸欠症等の防止措置が必要な特殊な場所や作業の例
　　　…細部は酸欠則（第18条～第25条の2）を確認してください

1.　酸欠の空気が吹き出す

①　ボーリング等…特定の地層を掘削する場合にメタンまたは炭酸ガスが突出する（特定の地層：断層または節理のある緑色凝灰岩または頁岩の地層、黒色変岩と緑色変岩との境界にある粘土化したじゃ紋岩の地層）

②　消火設備等…地下室、機関室、船倉その他通風が不十分な場所に備える消火器または消火設備で炭酸ガスを使用する（誤作動させるなど）

2.　酸素が失われていく（消費されていく）

①　冷蔵室等…冷蔵室、冷凍室、むろ、タンク、ボイラー、圧力容器、反応塔等へ誤って閉じ込められる

3.　酸欠のガスが充満していく

①　不活性ガスなどをシールドガスとして用いる溶接…タンク、ボイラー、反応塔の内部、その他通風が不十分な場所で、アルゴン、炭酸ガスまたはヘリウムを使用して溶接作業を行う

②　不活性気体の漏出…ボイラー等の内部で不活性気体の送給配管から

気体が漏れ出したり、誤って送給したりする（ボイラー等の内部：タンク、反応塔、船倉圧力容器、ガスホルダ、反応器、抽出器、分離器、熱交換器、船の二重底並びに窒素、フロン等を使用する低温恒温室及びピットの内部。不活性気体：ヘリウム、アルゴン、窒素、フロン、炭酸ガスなど）

③　ガスの排出…タンク、反応塔、冷凍機の蒸発器等の容器の安全弁、破裂板及び緊急放出装置から不活性気体が排出される

4. 空気が稀薄化される

①　タンク、反応塔その他密閉して使用する施設や設備の内部を減圧または脱気する

5. 配管からガスが漏れ出す

①　ガス配管工事（配管の取り付け、取り外しなど）でメタン、エタン、プロパンもしくはブタンを主成分とするガスが配管から漏出する

6. 地層に溜まった酸欠空気が押し出されたり漏れ出す

①　上層に不透水層がある砂れき層のうち含水もしくは湧水がない、または少ない部分が存在する箇所またはこれに隣接する箇所において圧気工法による作業を行う

②　第一鉄塩類または第一マンガン塩類を含有している地層が存在する箇所またはこれに隣接する箇所において圧気工法による作業を行う（地下室等に係る措置）

③　地層（上記①②）に溜まった酸欠空気が井戸や配管などを通して地下室、ピットなどの内部に漏れ出す

7. 溜まっている硫化水素が出てくる

①　し尿、腐泥、汚水、パルプ液、その他腐敗したり分解しやすい物質を入れてあり、もしくは入れたことのあるポンプ、配管などやこれらに附属する設備の改造、修理、清掃などで設備を分解する

Ⅱ　酸素がない場所、硫化水素がある場所　　35

4. 硫化水素中毒も酸欠？

　硫化水素中毒と酸欠症はまったく別のものです。法令では、酸欠則の中で硫化水素中毒防止の措置を行うことになっています。「Ⅱ－2. もう一度確認する」でも触れましたが、有機物（ここでは生物由来の有機化合物のことを指します）に関連する酸欠危険場所で硫化水素が発生することがあるためです。酸素の無い状態でも活動する硫酸還元菌などが硫化水素などを発生させます。硫化水素が発生する場所は、酸欠危険場所でもあるために、酸欠則で必要な措置が決められています。

　自然界には、数多くの細菌が存在します。人体に有害な伝染性の病原菌もありますが、乳酸菌のように食品生産などに活かされている菌もあります。好気性菌といって酸素を必要とする菌もありますし、嫌気性菌といって酸素がない状態で活動する菌もあります。有機物が最初は好気性菌が酸素を消費して、次に酸素がなくなった状態で嫌気性菌（硫酸還元菌など）が硫化水素などを発生させることもあります。硫化水素発生の原因とされている状態をキーワードでまとめてみると次ページのようになります。

　このような硫化水素は酸欠則の規定の対象になっていますが、工業的に使用されたりする硫化水素（多くは濃度が高い）は酸欠則の対象ではありません（「Ⅳ－2. 硫化水素いろいろ」参照）。

　なお、硫化水素は、卵が腐ったような臭い（腐卵臭）がすると説明がされますが、腐った卵の臭いを嗅いだことのある人はほとんどいないと思います。温泉（硫黄泉）や火山ガス（日常的に吹き出しているところは地獄谷などといった地名が付いていることが多い）の臭いが硫化水素の臭いです。ただし、慣れ（嗅覚疲労）があった

り、高濃度になるとかえって臭いを感じなくなったり（嗅覚マヒ）します。臭い（鼻）に頼った硫化水素濃度の判定は危険です。

＜硫化水素が発生する①…労働安全衛生法施行令別表第6第3の3号＞

＜もの＞　　海水（繁殖していた貝等の生物が死んで腐敗する）

＜状態＞
・滞留したり、滞留したことがある
・相当期間入れてあったり、入れたことがある

＜場所＞
・熱交換器（発電所等の復水器を含む）　・管
・暗きょ　・マンホール　・溝　・ピット

＜硫化水素が発生する②…労働安全衛生法施行令別表第6第9号＞

＜もの＞
・し尿　・腐泥　・パルプ廃液　・でんぷん廃液
・皮なめし工程からの廃液
・ごみ処理場における生ごみから出る排水
・ごみ焼却灰を冷却処理した排水
・下水　・パルプ液　・魚かす　・生ごみ
・ごみ焼却場における焼却灰

＜状態＞　・入れてあったり、入れたことがある

＜場所＞
・タンク　・船倉　・浄化槽　・汚泥槽
・ろ過槽　・汚水桝
・製紙工程に用いられるチェスト槽
・パルプ製造工程に用いられるチェスト槽
・管　・暗きょ　・マンホール　・溝　・ピット

Ⅱ　酸素がない場所、硫化水素がある場所

5. 酸欠になる場所はどこ

　職場の中で酸欠（酸欠症や硫化水素中毒に結び付く状態）になる
おそれがある場所はどこでしょうか。Ⅱ－2～4に記載したような
例を含めて、既に酸欠危険場所として職場で周知が図られている場
所以外に酸欠のおそれのある場所や作業はありませんか。工事など
の作業を行う場合についても考えてみてください。法令の規定では、
酸欠危険場所かどうかを判断するのは作業主任者の仕事ではありま
せんが、もう一度職場や作業を振り返ってみましょう。酸欠作業主
任者がいるのに、職場で酸欠の事故が起きるようなことは避けたい
と思います。

　作業を開始する前から酸欠になっているかもしれない場所だけで
なく、作業をしている途中で酸欠になっていく（酸素濃度が下がっ
ていく、硫化水素濃度が上がっていく）おそれがある場所も漏れの
ないように挙げておいてください。一覧表ができたら、職場の同僚
や上司などに見てもらい、抜けや誤りを修正して、職場で共有する
ようにしましょう。

　なお、一覧表は一回作れば終わりではありません。一覧表にする
ときに思い出さなかった場所や作業があるかもしれませんし、初め
て経験する作業を酸欠のおそれがある場所でするかもしれません。
一覧表記載の場所や作業以外に、酸欠のおそれのある場所や作業が
ないか、作業主任者としていつも気に掛けておきましょう。

　なお、酸欠になるおそれがあるほとんどの場所や作業は、法令に
規定されていますが、ほかに酸欠のおそれのある場所や作業はない
でしょうか。酸欠作業主任者として持っている知識や経験をもとに、
気になる場所があればリストアップしておきましょう。作業開始前

に酸素濃度などを測定して安全を確認し、酸欠の危険がなければ「それはそれでよかった」ということになります。安全側の判断が必要です。

<酸欠のおそれのある場所・作業一覧>　　　　　※書き込んでみましょう

No.	酸欠危険場所・作業（＊1）	酸欠になる理由（＊2）	特に注意すべき点（＊3）
1			
2			
3			
4			
5			
6			
7			

＊1：作業中に酸欠になっていく（酸素がなくなっていく）おそれがあると考える場所も対象にする

＊2：「Ⅱ-2．もう一度確認する」「Ⅱ-3．酸欠危険場所以外での酸欠の危険」「Ⅱ-4．硫化水素中毒も酸欠？」も参考にして考える

＊3：酸素濃度測定、換気、保護具など安全作業のために特に注意すべき特別の注意点を記入する

Ⅱ　酸素がない場所、硫化水素がある場所　　39

6. 安全にできる

　酸欠危険場所での作業では、酸欠と硫化水素だけに注意しておけば、安全に仕事ができるでしょうか。機械設備に挟まれたり、転落したり、感電したりするおそれはないでしょうか。

　酸欠作業主任者としての職務は、酸欠や硫化水素中毒の予防に関することですが、職場のリーダーとして、同僚が安全に仕事ができる状態になっていることを確認しておいてください。作業をする場所でケガをするかもしれないとか、無理な姿勢を続けるといったことになれば、酸欠症や硫化水素中毒にならないように注意を払いながら本来の作業に集中することもむずかしくなることもあります。

　明るさ（見やすさ）はどうでしょうか。作業する場所の広さ（空間）は十分ですか。足場が不安定なところでの作業はないでしょうか。酸欠危険場所などで空気呼吸器や送気マスクなどの呼吸用保護具を使用して行う作業の場合は、ボンベやホースなどが引っかかって思わぬ事故になることあります。作業開始前に確認し、安全に作業できる状態にしておいてください

　また、高温状態だった作業場所や設備内で作業をするなど、熱中症のおそれがあるほどの（暑過ぎる）状態であれば、作業場を冷却（冷風を送り込むなど）してから作業を開始するとか、早めに交代したり、休憩を入れたりしながら作業を進めるなどの熱中症対策が必要になります。

　安全に作業を進めるために、自分たちで対応できることは実施し、上司や関係者に頼まなければならないことがあれば、相談して、安全にいい仕事ができるようにしましょう。

　なお、酸欠則では、酸欠症にかかって転落するおそれのあるとき

は、安全帯など（法令用語では「要求性能墜落制止用器具等」。「Ⅳ－7．要求性能墜落制止用器具？」参照）を使用しなければならないことになっています。これは、「酸欠症になる」（意識を失うなど）ことによって転落する場合のことを想定してのことです。安全帯を使うためには、安全ブロック（セーフティブロック）を使ったり、安全帯のフックを掛ける設備を掛けやすい場所に設けることが必要です。確認しておいてください。

Ⅱ　酸素がない場所、硫化水素がある場所

7. 酸素濃度などの判断

　法令では、酸素濃度18%以上あればOK、硫化水素濃度10ppm以下であればOKです。この18%とか10ppmという値は、安全率を考えて安全に作業ができるかを判断するために決められた値です。

　では、酸素濃度18.5%では安全でしょうか。19%はどうでしょうか。この状態であれば、普通の作業であれば酸欠になることはありませんが、大気中の酸素濃度21%の状態からなぜ酸素濃度が減ったのでしょうか。1%を超えるような差（減少）は、測定の誤差ではありません。原因を考えてみてください。

　作業場所の中に、もっと酸素濃度が低い酸欠の場所があるかもしれません。どこからか酸素を含まない気体が（少しずつ）入り込んでいるのかもしれません。作業場所全体の酸素が減っている場合もあるかもしれません。いずれにしろ、酸素濃度が21%より低くなっている場合は、その原因を確認して、作業が安全に行うことができるかどうかの判断を行う必要があります。硫化水素の場合は、硫化水素が存在する（ゼロでない）原因を確認し、安全な作業に結び付けてください。「Ⅳ－1．酸素濃度19%のアクション」で具体例を挙げて説明しています。

　なお、このような場合に原因を調べるときは、自分一人の判断でするのではなく、上司に相談し、同僚に連絡してから、自らの安全を確保できる方法で行うことが欠かせません。

　また、力仕事などで呼吸量が増えると、酸欠の状態でなくても（酸素濃度が18%以上あっても）酸欠の症状がでることがあります。普通の環境（酸素濃度21%）で激しい運動をしたときのことを思

い浮かべれば想像がつくと思います。呼吸量が増えるということは、酸素をたくさん必要としていることを意味します。酸素がたくさん必要なのに酸素が十分にないという状態になりやすいことになります。大きな力がいる作業を行う場合は、このようなことも頭に入れての判断が必要になります。連続しての作業時間を短くする（休憩を入れる、交代する）方法も考えられます。

　硫化水素については、呼吸量が増えると吸い込む硫化水素の量が増えることになり、この場合も慎重に判断する必要があります。

8. どんなことが起きそう

　頭のトレーニングをしておきましょう。どのようなことが起きる可能性があるのか想像しておくことが、実際の業務での的確な指揮や対応に結び付きます。危険予知です。

　酸欠危険場所での作業の開始から終了まで、順番に考えてみてください。同僚も一緒に作業を行うのですから、「自分ならこうする」という前提で想定するのではなく、「ひょっとしたらこんなことをする人がいるかもしれない」と考えてみてください。先入観を持たないで考えることが大切です。最初に想定した作業手順どおりに作業が進むとは限りません。事故や災害は、想定外の事態が生じたときや、準備や片付け作業、トラブルに伴っての作業などで発生することが少なくありません。自分たちが実施する作業だけでなく、周囲の状況、接続されている設備（配管など）や隣接する設備などの状態も確認しておいてください。作業開始後に設備・装置（スイッチやバルブ・コックなど）が誤作動したり、他の職場の人などが誤操作してしまって思わぬ事故につながらないように、措置しておくことも必要です。酸欠のことだけでなく、有害なガスの流入などの酸欠以外の危険がないかもあわせて考えておきましょう。

　このようなことを想定しながら、作業方法を決定したり、指揮したりする方法（酸欠危険場所での作業について、同僚に伝える内容や伝え方）を考えてください。

44

＜酸欠危険場所で酸欠症や硫化水素中毒が発生するとしたら、どんなとき？＞

タイミング	どんな状況で	確認ポイント
準備		作業方法、作業位置 測定、換気、保護具
誤操作1		酸欠空気の発生、酸素の消費 の可能性
誤操作2		酸欠空気の流入可能性、流入 防止
誤作動1		バルブ開閉、漏れ
誤作動2		 参照：
トラブル		「Ⅱ－2．もう一度確認する」 「Ⅱ－3．酸欠危険場所以外で
作業中1		の酸欠の危険」
作業中2		「Ⅱ－4．硫化水素中毒も酸 欠？」
作業中3		
片付け、汚れを取る		

※書き込んでみましょう

Ⅱ　酸素がない場所、硫化水素がある場所　　45

9. 変わっていく？

　酸欠危険場所での作業に限らず、いつも計画通りに「なんの問題もなく」作業が進むということにはなりません。計画していないことが起きたときにどのように判断して行動するのでしょうか。

　仕事を始めたときに、場合によっては仕事を始めようとしたときに、予定（想定していた状況）と違う状況になることがしばしばあります。事故や災害は、このような変化があったときに起きやすいと言われています。変化に伴うトラブルを防止するための対応を確実に行う方法を変更管理（変化点管理）と言います。

　作業を開始する前からわかっている変更（変化）については、作業前に検討をして対応しやすいですが、作業中に起きる変更（変化）をすべて予想するのは、たとえ危険予知をしていてもむずかしいことです。そこで、変更（変化）があったときの標準的な対応（作業中止、退避、連絡先、相談相手など）をあらかじめ決めて一緒に作業を行う同僚や関係者間で共有しておきます。

＜作業前にわかる変更（変化）の例＞

変更（変化）の例	対応・連絡先
・作業を行う場所が変わった	
・換気の方法・換気装置が変わった	
・呼吸用保護具が変わった	
・作業メンバーが変わった	
・作業分担が変わった	
・同一場所での他の作業が行われる	
・協力会社が変わった	
・消火設備が変わった	

※書き込んでみましょう

＜作業前に予定していない変更（変化）の例＞

変更（変化）の例	対応・連絡先
・作業方法が予定していた通りにできない	
・作業場所のレイアウトや設備が図面と違う	
・作業中の酸素（硫化水素）濃度に変化がある	
・作業場所に何かわからない物やガス（漏えい物？ 危険物？ 有害物？）がある	
・換気装置が壊れたり、能力が発揮できていない	
・保護具がおかしい（漏れている気がする）	
・作業メンバーに体調不良者がでた	
・道具が壊れた、道具を替えた	
・作業が予定通りに進まない（予定時間を超えそう）	
・作業環境が変わった（高温になったなど）	
・同僚の様子がおかしい	
・周辺で他の作業が行われている	

※書き込んでみましょう

Ⅱ　酸素がない場所、硫化水素がある場所　　47

10. 準備しておきたい

　安全に作業ができるように、必要な設備や工具は準備できているでしょうか。「段取り八分（80%）」とよく言われます。「八分」は言い過ぎかもしれませんが、仕事ができる人ほど、準備をキチンとしているとも言われています。いい仕事をしようとしたら準備が大切です。

　酸欠作業主任者として、どのような準備をして作業に臨めばいいのでしょうか。①図面などの確認、②作業手順・スケジュールの確認、③作業メンバー（分担）の確認、④工具・用具の確認、⑤周辺状況の確認（照明、同一場所での他の作業などを含めて）、⑥換気装置の確認、⑦保護具の確認、⑧避難用具の確認、⑨変更時の確認、⑩異常時対応の確認、⑪片付け、などが標準的な準備（確認事項）になるでしょう。

　換気装置と保護具などは、「物」があっても有効に使えなければ意味がありません。不具合のある「物」は、かえって危険な状態を招くこともあります。作業主任者として、作業方法の確認に「あわせて、これらの点検を実施する（職場として実施する）ことが必要です。異常時に備えて、避難（経路）、連絡、処置（救出、救急措置など）とそのための用具（空気呼吸器、避難用具、連絡装置、救急用品等）なども確認しておいてください。

　実際には作業ごとに必要な準備が異なることになりますので、作業内容に応じて整理して準備することが必要です。毎日繰り返される定常的な作業と、建設作業などでの日々変化のある作業、保全整備や清掃のような非定常的な作業では、確認する内容も異なるでしょう。初めての作業であれば、より慎重な検討や確認が必要になります。あら

かじめチェックリストを作っておくと抜けのない準備につながります。

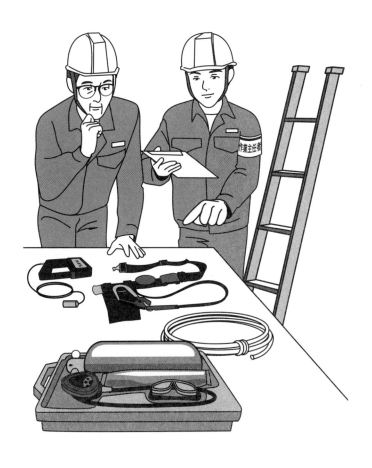

Ⅱ　酸素がない場所、硫化水素がある場所　　49

11. リスクを確認する

　リスクアセスメントを直訳すると「危険性評価」になります。あなたが作業主任者となる酸欠危険作業についてはリスクアセスメントが実施されているでしょうか。実施されている場合は、その結果を確認しておきましょう。リスクアセスメントが実施されていない場合は、速やかに実施して、その内容と結果を関係者で共有することが必要です。上司や衛生管理者に申し出てください。

　リスクは、「危害の発生確率」と「危害の重大さ」の組み合わせで評価して（見積りが行われ）、評価の結果は数段階のリスクレベルに当てはめられることが一般的です。

　この結果を受けて、できるだけリスクレベルを下げる（安全に作業ができるようにする）措置（リスク低減措置）に結び付けることになります。特に「重大な問題（許容されないリスクなど）がある」場合は、リスクレベルを下げる措置を確実に実施することが必要です。「作業する人自身が気を付ける」という対応だけでは不十分ということになります。

　事業場によってリスクアセスメントの方法が違います。もしどのような方法か知らない場合は、上司や衛生管理者に確認してください。その上で、実施されているリスクアセスメントの結果を上司や衛生管理者に確認してください。そして、どのようなリスク低減措置が取られ、その結果のリスクレベルがどのようになっているか確認しておきましょう。リスクアセスメントを実施するときに前提になっている作業方法や措置は実態に合っているでしょうか。リスク低減措置は確実に実施されているでしょうか。もし実態と違っていることに気付いたら、上司や衛生管理者に伝えて見直すことが必要

50

になります。

　リスク低減措置（設備対策など）を実施したとしても、なお残るリスク（残留リスク）に対しては、作業する人がその内容を理解して必要な対策を実施することになります。作業方法での安全確保や保護具の着用などです。作業主任者としても、作業方法を決定し、作業を指揮する中で徹底することが求められます。

　ここでは酸欠危険作業に関するリスクアセスメントのことを想定して記載していますが、他の安全衛生面の課題についてのリスクを評価し、リスクの低減を図る取り組みも行われていると思います。安全に作業を行うために、これらのリスクアセスメントについても確認しておいてください。

Ⅱ　酸素がない場所、硫化水素がある場所

12. 相談したい

　酸欠危険作業に関する技術的なことや事業場での対応の検討が必要なことに関して相談する相手は誰でしょうか。

　呼吸用保護具などに関することは、衛生管理者に相談するのが一般的でしょう。衛生管理者は、法令の規定する免許保有者で、常時50人以上の労働者を使用する事業場で選任され、事業場の衛生管理の業務を担うことになっています。酸欠作業主任者の職務に関する事項について相談する最も適した人ということになります。

　硫化水素中毒などの健康への影響については、産業医に教えてもらうのがいいでしょう。産業医は、衛生管理者と同じく常時50人以上の労働者を使用する事業場で選任が義務付けられています。常勤の産業医がいない場合（嘱託産業医）は、衛生管理者を通して相談することが現実的かもしれません。産業医は、産業医としての資格を有する医師です。むずかしく考えずに、気軽に相談すればいいと思います。

　作業方法や工法に関することは、上司や関係する技術者などに相談することになります。疑問や不安があれば、キチンと確認するようにしましょう。このほか、安全衛生管理を所管する部門（安全課など）や自部門で安全衛生管理を分担する役割の人（安全担当など、決まっている場合）に、相談することもできます。安全に関することを含めて、これらの部門や人に相談することがいいことも多いでしょう。事業場の組織分掌（役割分担）に沿って相談先を決めることになります。

　このような専門家でなくても、同じ酸欠作業主任者として活躍している同僚に、とりあえず相談してみると、実務に則したいい解決

方法が見つかるかもしれません。保護具や換気装置、用具の性能や管理などについては、メーカーや取次店に確認することもできます。

なお、換気方法や換気装置、保護具、作業方法や設備・用具の変更などは、上司に相談して対応することが必要です。たとえ自分では最適だと思っても、作業主任者の職務権限を超えた変更や改善をしてはいけません。

13. 頼りにする

　日ごろ頼りになるのは、職場の上司や同僚です。産業医や衛生管理者という立場と違い、有害性や危険性等に関する専門的な知識は多くないかもしれませんが、仕事を一番よく知る人たちです。酸欠危険場所での安全な作業方法に関することも相談できるはずです。素直な気持ちで頼っていくと、頼りにされた人は意気に感じて（積極的な気持ちを持って）あなたを支えてくれると思います（「Ⅰ－6. 支えられて」参照）。

　ただし、実際の作業の経験があると、どうしても「今まで通りでいい」という判断になりがちです。ほとんどの人は身近で酸欠症や硫化水素中毒などの経験はないはずですので、「大丈夫」と考えがちです。「硫化水素は臭いで気付くから大丈夫」といった、たまたま災害にあわなかったきわどい（重篤な災害になってもおかしくない）経験を強調する人もいるかもしれません。作業主任者として、専門的知識に基づいてしっかりと自分の判断も伝えてください。同僚の安全のことを考えてのことですから、遠慮する必要はありません。

　なお、酸欠危険作業は、法令で規定された「酸素欠乏危険作業特別教育」を受講した人しか従事することができません。もし、酸欠危険作業に従事する同僚がこの教育を受講していない場合は、全員が受講するように上司や衛生管理者に相談してください。この教育を受けた同僚は、安全な作業を実施する上で、大きな力になります。

14. もしもの時

　事業場として異常時の緊急連絡方法が決まっているはずですので、作業前によく確認しておいてください。では、酸欠危険場所に関連して発生した異常時に特に気を付けたいことは何でしょうか。

　作業中に酸欠のおそれが生じたときは、すぐに作業をやめて、躊躇（ちゅうちょ）せずに全員がその場所から退避することになります。よく調べてみたら特に問題はなかったということがあるかもしれませんが、それは「何もなくてよかった」ということです。もし退避が遅れてしまって酸欠症などが発生するようなことにならないようにしなければなりません。常に安全側に判断しましょう。

　もし、同僚に酸欠症や硫化水素中毒が疑われる症状がみられたときは、直ちに救出・救命のために必要な対応をすることになります。酸欠症や硫化水素中毒の症状については作業主任者テキストなどでもう一度確認しておいてください。酸欠症では、「頭が痛い」「耳鳴りがする」「集中力が落ちる」などといった比較的軽い症状（酸素濃度がそれほど低くないときの症状）の記載もありますが、酸素濃度が低ければ一呼吸で倒れ、死につながることを忘れないでください。硫化水素も低濃度であれば「目がかゆい」「目が痛い」といった症状でとどまることもありますが、高濃度では一呼吸で命にかかわる結果になることもあります。

　軽度の症状のみられる同僚に「大丈夫か」と聞くと「大丈夫」と答えることも少なくないと思いますが、本人の言葉だけで判断しないようにしてください。危険な状態になりつつあると考えましょう。安易に考えてはいけません。

　重篤な症状（意識を失うなど）がみられた場合の対応の基本は、

助けを求めることになります。一人ですべての対応をすることは危険ですし、かえって救出が遅れたり、二次災害（救出者も被災する）につながったりします。作業主任者技能講習でも講師が繰り返し強調していたと思いますが、周囲の状況を確認し、自分たちの安全を確保した上で救出することが必要です。呼吸停止の場合は、心肺蘇生（胸骨圧迫など）やAEDの使用が必要なこともあります。また、医療機関を受診させる場合には必ず誰かが付き添っていくようにしてください。

　なお、救出には、空気呼吸器などの保護具や用具がなければ、救出そのものが危険な作業になります。このような保護具や用具を作業開始前にキチンと準備しておくことが欠かせません。また、実際の救出のときには、気持ちが焦ったり動転したりしていて思うようにできないことがあります。日ごろからいざというときの対応（緊急連絡、救出作業、救出用呼吸用保護具装着、胸骨圧迫・AED使用などの応急措置等）の訓練を定期的に実施しておくことが必要です。

Ⅱ　酸素がない場所、硫化水素がある場所　　57

＜参考＞酸欠則に規定されている異常時対応

第14条（退避）　…酸素欠乏危険作業…において<u>酸素欠乏等のおそれが生じたとき</u>は、<u>直ちに作業を中止</u>し…<u>その場所から退避させなければ</u>ならない。

②　…前項の場合において、酸素欠乏等のおそれがないことを確認するまでの間、…特に指名した者以外の者が立ち入ることを禁止し、…その旨を見やすい箇所に表示しなければならない。

第15条（避難用具等）　…酸素欠乏危険作業に…従事させるときは、空気呼吸器等、はしご、繊維ロープ等非常の場合に…<u>避難させ、または救出するため必要な用具…</u>を備えなければならない。

第16条（救出時の空気呼吸器等の使用）　…酸素欠乏症等にかかった…者を…<u>救出する作業に</u>…従事する…者に<u>空気呼吸器等を使用</u>させなければならない。

第17条（診察及び処置）　酸素欠乏症等にかかった…者に、直ちに医師の診察または処置を受けさせなければならない。

III

いざ作業

当たり前ですが、酸欠症や硫化水素中毒の原因は、作業をしているときに酸素濃度が低い空気や不活性気体を吸い込んだり、硫化水素濃度の高い空気を吸い込むことにあります。実際の作業が行われるときに作業主任者が果たすべき役割はとても重要です。

1. 決定する

酸欠則では、作業主任者が「…酸素欠乏等の空気を吸入しないように、作業の方法を決定…する」こととなっています。では、あなたの職場では、実際の作業方法を決定する権限はだれにあるのでしょう。

「作業の方法」の大原則は、測定の結果、酸欠（酸欠症や硫化水素中毒に結び付く状態）だとわかったら、換気する（酸欠の空気（酸素濃度の低い空気や不活性気体、硫化水素を含む空気、以下同じ）を外に出して、酸素濃度21％の清浄な空気（以下「清浄な空気」と簡略に表現します）を中に入れる）ことです。あわせて、換気された場所（酸欠でない場所）が作業中に酸欠の状態になっていくことがないようにすることが必要です。このためには、酸欠の空気が流入しない、酸素が消費されない、清浄な空気を送り続ける、酸素などの濃度を継続的に測るなどによって安全に作業できるようにすることになります。空気呼吸器や送気マスクなどの保護具を使用せざるを得ないこともありますが、原則として酸欠の状態を無くすことを第一優先に考えてください。

もし、あなたが作業方法全体を決める権限が無い場合でも、作業主任者の視点で酸欠症や硫化水素中毒の防止に必要なことがあれば、権限のある上司や関係者に伝えて、一緒に対応を考えてくださ

い。あなたが黙っていては、誰も気付かないかもしれません。換気装置や保護具を有効に使うことも作業方法を決定することの一つです。

＜参考＞作業方法の決定に関する酸欠則の規定

第11条（第2項）（作業主任者）

　1　作業に従事する労働者が酸素欠乏等の空気を吸入しないように、作業の方法を決定し、労働者を指揮すること。

＜参考＞作業主任者が決定する「作業の方法」とは

（厚生労働省通達（昭和57年基発第407号））

　換気装置及び送気設備の起動、停止、監視並びに調整、労働者の当該場所への立入り、保護具の使用、事故発生の場合の労働者の退避及び救出等についての作業の方法をいう

　繰り返し行われる作業であれば、作業標準書（作業手順書、作業マニュアル）のような形で、作業方法（手順）を決めておくと、安全な作業方法を徹底しやすくなります。毎日作業の内容が変わることがあっても、共通的な作業標準書は作ることができるはずです。作業を行う酸欠危険場所が変わる場合でも、たとえば「タンク内点検共通作業標準書」「下水暗きょ内作業共通作業基準書」といったように共通作業標準書を準備できます。上司や関係者と相談して、職場で作業標準書を作り、その中で酸欠症や硫化水素中毒防止に関する必要な事項を決めておきましょう。

　実際の作業を開始する前には、作業標準書で作業の方法を確認し、その日の作業で特別に注意しなければならない作業手順があれば、作業に従事する全員でその内容を確認するようにしてください。

Ⅲ　いざ作業　61

なお、もともと作られている作業標準書の内容で、酸欠症や硫化水素中毒防止の視点で不十分なところがあれば、見直しを確実に実施するようにしてください。

　作業標準書は同僚と一緒に作るのがベストです。一緒に作ることができなくても、案の段階で職場全員で確認して必要な修正をしたり、完成したものについてメンバーにキチンと説明する機会を設けるといいでしょう。また、書いたものを提示されたり、聞いたりしただけでは、なかなか記憶に残らず、行動に活かせないことがよくあります。作業標準書ができたら同僚と一緒に作業標準書に従って作業をしてみると実際の作業で活かせますし、作業標準書に課題があれば見直すことにもつながります。新人（新規作業従事者）の教育や訓練でも活用してください。

　いずれにしろ、一番いけないことは、不具合や不安全な状態に気付いているのに「何もしないこと」です。後で悔やむよりも、勇気をもって必要な改善は進めましょう。職場の同僚のためにと考えると一歩が踏み出しやすくなります。

2. 測定する

　酸欠作業主任者のもっとも重要な職務に、酸素濃度（硫化水素濃度）測定があります。酸欠危険作業に従事するときには、酸欠危険作業従事者特別教育（酸欠特別教育）の受講（修了）が必要ですが、この教育には「測定」についての教育は含まれていません。法令では作業主任者自身が実施することが求められています。作業主任者が作業場が安全かどうかの判断をすることになります。この判断が的確でなければ、酸欠症や硫化水素中毒につながります。

　測定に関して共通して意識しておかなければならないことがあります。詳細は作業主任者テキストなどで確認してください。

① 　第一に測定者（作業主任者）の安全の確保です。測定するまでは、測定する場所が安全かどうかわかりません。測定するときに酸欠症や硫化水素中毒になる可能性がありますので、安全な場所から測定するか、呼吸用保護具（空気呼吸器など）を着用して測定しなければいけません。転落などのケガや爆発による事故などに対する安全対策も欠かせません。また、測定を一人で（単独で）行うのではなく、同僚や監視人と連絡を取り合いながら行うことも必要です。なお、酸欠のおそれがある場所の測定は、換気などの対策（換気する、出入口を開放する、酸欠の空気などの流入防止措置をとるなど）を実施してから測定することが基本です。

② 　測定器（酸素濃度計など）が正しく機能する（正しい測定値を示す）ことが欠かせません。測定値が正しくなければ、測定の意味はありません。このためには測定器の点検・調整・整備が必要です。センサーなどの管理（有効期間内での交換など）も確実に実施してください。硫化水素濃度測定などでガス採取器（ポンプ）

64

に付けて用いる検知管にも寿命があります。検知管の箱に表示してある有効期間内の物を使用することが欠かせません。有効期間を超えた検知管を使用して測定したのでは、変色する（測定値がでる）ことがあっても正確な値を示していないと考えてください。安全を確認できないことになります。

③　測定は、5点（箇所）以上で測定することになっています。法令（酸欠則、作業環境測定基準）で考え方も示されています。ただし、法令の規定に基づいてあらかじめ決めた測定点で測定するだけで十分とは言えない場合があります。作業場所の酸素濃度（硫化水素濃度）は均一ではないと考えておくことが必要です。酸素濃度が21％未満になるということは、酸素濃度がとても低い空気や不活性気体が近くに存在することを意味しているのかもしれません。普通は大気中にない硫化水素が検出されるということは、高濃度の硫化水素が近く存在するということかもしれません。複雑な形状の構造物が内部にあるタンク等、長い暗きょや分岐した暗きょ、換気されにくい（換気の気流が行き届きにくい）端部（「Ⅱ－7．酸素濃度などの判断」「Ⅳ－1．酸素濃度19％のアクション」参照）などは特に注意が必要です。測定を実施した場所と測定が未実施の場所を誰が見てもわかるようにしておくこと（立入禁止措置、測定結果掲示など）が必要な場合もあります。

　酸素濃度などの測定を行ったときは、その結果を記録して3年間保存することが酸欠則で求められています。記録すべき事項は酸欠則で決まっていますが、結果を記入しやすい様式を作って確実に記録し保管するようにしてください。次の作業のときに活かす（より安全に作業を行うことに結び付ける）ことも考えて、測定の結果を関係者で共有することも大切です。記録することだけが目的ではな

く、活かすことが重要だと認識しておきましょう。

＜参考＞測定に関する酸欠則の規定

第3条（作業環境測定等）…その日の作業を開始する前に…空気中の酸素（第二種酸素欠乏危険作業に係る作業場にあっては、酸素及び硫化水素）の濃度を測定しなければならない。

② …前項の規定による測定を行ったときは、そのつど、次の事項を記録して、これを3年間保存しなければならない。

　　1　測定日時　　2　測定方法　　3　測定箇所　　4　測定条件

　　5　測定結果　　6　測定…者の氏名

⑦　測定結果に基づいて酸素欠乏症等の防止措置を講じたとき…の概要

第4条（測定器具）…測定を行うため必要な測定器具を備え、または容易に利用できるような措置を講じておかなければならない。

第11条（作業主任者）（第2項）

②　その日の作業を開始する前、作業に従事するすべての労働者が作業を行う場所を離れた後再び作業を開始する前及び労働者の身体、換気装置等に異常があったときに、作業を行う場所の空気中の酸素（及び硫化水素）の濃度を測定すること。

＜参考＞作業環境測定基準（昭和51年労働省告示第46号）

第12条（酸素及び硫化水素の濃度の測定）…酸素及び硫化水素の濃度の測定は、次に定めるところによらなければならない。

　　1　測定点は…酸素及び硫化水素の濃度の分布の状況を知るために適当な位置に5以上とすること。

　　2　測定は、次の表…に掲げる測定機器またはこれと同等以上の性能を有する測定機器を用いて行うこと。

区　分	酸素濃度	硫化水素濃度
測定機器	酸素計または検知管方式による酸素検定器	検知管方式による硫化水素検定器

$3.$ 指揮する

　酸欠作業主任者が、「…労働者が酸素欠乏等の空気を吸入しないように…指揮すること」になっています。大切な仕事ですが、経験を積んだ監督者でなければ、「指揮する」ことはなかなかむずかしいことではないでしょうか。「Ⅰ－6.支えられて」の内容と重複しますが、「指揮する」ことについてもう一度確認しておきたいと思います。

　的確に「指揮する」ために、一番大切なことは、指揮される側の立場に立って、どのような指揮をされると「わかりやすいか」「仕事がしやすいか」を考えて発言（発信）することです。

　「指揮する」とは、必要なことを伝え、実施されていることを確認することです。言いっぱなしでは指揮をすることになりません。また、指揮の内容に納得感がなければ（合理的でなければ）指揮どおりの作業が実施されないことになります。このようなことのほか、指揮をするときに気を付けたい主なことは以下の通りです。

① 　要点をはっきりとわかるように伝える。伝えることがたくさんある場合は、口頭で伝えるとともに、紙に書いて渡すなどの方法を考えてください。重点（絶対に守らなければならないことなど）をわかるように示すことも大切です。特に、作業中には気付きにくいことや、通常の作業と違うことなどがあれば、確実に伝えるようにしてください。

② 　伝えたことが実施されているか、実際の作業を見て、必要な指導・アドバイスを行う。伝えたことと違うことを同僚がしている（しそうな）ときは、口に出して伝える。

③ 　酸欠症や硫化水素中毒のおそれがあると思ったら、躊躇せずに

Ⅲ　いざ作業　　67

仕事を中止して仕事のやり方（換気方法などを含めて）を見直す。
④　指示したことを自分自身が模範となるように実施する。

　重要なことは、繰り返して伝え、必要によっては復唱してもらうようにします。特に経験の浅い同僚がいれば、作業主任者が直接作業を指導したり、先輩に随伴指導してもらうようにすることが必要なこともあります。ベテランの同僚に対しては、経験豊富なことを尊重し、意見を求めるなどして、率先垂範を促すといいでしょう。「〇〇さんにならって、みんなで安全にやろう！」
　このようにしていつも「自信を持って指揮をすればいい」と言いたいところですが、「自信が持てないこと」もあると思います。そのときには、仕事をする同僚の意見を聞きながら作業の仕方を決めることがあってもいいでしょう。ただし、安全かどうか迷うときは、必ず安全側に判断することが必要です。「いろんな考え方があるけど、安全な方法でやりましょう」と言って、同僚の納得を引き出して、仕事を進めてください。
　なお、常に100％正しい指示をすることはむずかしいのも現実です。はっきりとした指示をしながらも、想定外の事態には安全と健康を第一に臨機応変の対応を取ることが必要なことを同僚に徹底しておくことも指示を活かすことになります。
　指揮することに慣れていない場合などには、親しい同僚などに指揮の仕方がよかったかどうか聞いてみると次に活かすことができます。

<参考>指揮に関する酸欠則の規定
第11条(作業主任者)第2項
1 作業に従事する労働者が酸素欠乏等の空気を吸入しないように、作業の方法を決定し、労働者を指揮すること。

4. 監視する

　保護具は、有効に使わなければ効果が発揮されません。作業主任者の職務として「空気呼吸器等の使用状況を監視する」ことがありますが、現実には、同僚の保護具の使用状況を常時監視することがむずかしいことも多いと思います。では、「監視する」という作業主任者の職務をどのように果たすのでしょうか。監視していなくても同僚が必要な保護具を正しく使用する状態にすることです。このためには、保護具の効果と正しい使い方を職場の共通認識とすることにあわせて、重要なことは、作業主任者が「同僚の安全を強く願っている」ことを知ってもらうことではないでしょうか。作業主任者としての思いを伝え続けてもらいたいと思います。職場内で同僚同士が声を掛け合える（気付いたことを注意し合える）ように促しておきましょう。

　なお、法令では作業主任者の職務とされていませんが、適切な保護具が使用できるようにすることも前提として大切です。不適切な保護具の使用は、本当の意味で保護具（使用者を保護する用具）を使用しているとは言えません。不適切な保護具の使用状況を監視しても何の意味もありません。適切な（効果のある）保護具を選択し、効果が確実に得られるようにその機能が維持されていることが必要です。その上で、正しく使用することが欠かせません。保護具の管理については、Ⅳ－4〜7にも記載していますので参考にしてください。

<参考>監視に関する酸欠則の規定
第11条（作業主任者）第2項
　4　空気呼吸器等の使用状況を監視すること。

5. 監視人がいても

　酸欠則では、酸欠危険作業を行うときには監視人を置くなどの措置が求められています。監視人の役割は、「常時」作業の状況を監視して、異常があったときには作業主任者などの関係者に通報することです。

　「監視人を置く」だけではなく、監視人がその役割を果たすことができなければ意味がありません。「監視人」という腕章を巻いている人が「いればいい」のではありません。監視人が、「通報すべき異常が何なのか」について理解し、必要なときに間違いなく通報できるようにしておくことが必要です。このためには、監視人になる人と作業主任者が共通した認識を持てるように事前にしっかりと打合せをしておくことと、通報の演習（訓練）をしておくことが必要です。演習で経験しておくと、実際に通報しなければならないときに躊躇せずに行動しやすくなります。また、このためには、監視人自身が「常時」安全に監視できる場所で監視することが欠かせません。監視人が危険な場所にいては監視人の役割は果たせません。

　なお、監視人を置かずに酸欠危険場所で作業を行う場合は、監視人を置いた場合と同様に安全に仕事ができるようにしておくことが必要です。たとえば、「作業場に自動警報装置付きの酸素濃度の測定機器を設置して常時測定を行い、空気中の酸素の濃度が18％未満になったときに警報が発することにより酸素欠乏危険作業主任者及びその他の関係者が異常を直ちに認知できるようにすること」（厚生労働省通達（昭和57年基発第407号））があります。あわせて個人装着形酸素濃度（硫化水素濃度）検知警報器（一人ひとりが呼吸位置近くに装着する小型の検知警報器）を作業従事者全員が装着す

るとより安心です。これは監視人を置いた場合でも同じです。

　監視人を置かずに作業を行うかどうかの判断は、作業主任者がすることではありません。必ず上司と相談して、事業場として判断することが必要です。

> **＜参考＞監視人に関する酸欠則の規定**
> 第13条（監視人等）
> 　事業者は、酸素欠乏危険作業に労働者を従事させるときは、常時作業の状況を監視し、異常があったときに直ちにその旨を酸素欠乏危険作業主任者及びその他の関係者に通報する者を置く等異常を早期に把握するために必要な措置を講じなければならない。

Ⅲ　いざ作業　73

6. とっさの判断

　なにか異常事態が発生したときに作業主任者として（とっさの）判断をしなければならないことがあるかもしれません。「いつも安全側に判断する」ことが求められます。「わかっている」と思うかもしれませんが、実際の作業中には「作業が遅れる」「（はっきりした理由もなく）大丈夫だろう」と思いがちです。判断の誤りは、命にかかわります。失った命は元に戻りませんが、仕事の遅れは後で取り戻すなどの対応をすることができます。

　危険な状況があれば（危険な状況になりそうであれば）、作業の中止と退避の判断を躊躇なく行う必要があります。その上で、安全を確保するために必要な手立てを講じて作業の再開を検討することになります。このような場合の現場での指揮は作業主任者の職務ですが、事態は上司などの関係者に連絡し、関係者で事態の確認と再開などに向けての対応を行うことが必要です。最後まで自分一人ですべての対処をしようと思ってはいけません。

　作業を指揮するという職務を遂行する立場で「安全側に判断する」ことは当たり前ですが、「むずかしいことでもある」としっかりと頭に入れておいてください。「とっさの判断」ができるように練習したり、イメージトレーニングしておくことも役に立ちます。

7. 見まわして感じる

　作業主任者として、酸欠則に規定された一つひとつの職務を確実に実施していくことが大切なことは言うまでもありませんが、もう一点、とても大切なことがあります。それは、全体を見まわすことです。個々のことではなく、「全体の状況を感じる」といってもいいかもしれません。整然と手順通りに作業が進んでいても、「なにか違和感を覚える」とか「なんとなく無機質（冷たい印象）でピリピリした状況を感じる」などということはないでしょうか。「とげとげしい言葉のやり取りがある」とか「みんなの目がうつろだ」などということもあるかもしれません。このようなときには、どこかに解決すべき課題があります。

　どうすればいいのかは、ケースによって違いますが、簡単に課題を確認する方法として「声をかける」ことがあります。「〇〇さん、順調にいってる？」「〇〇くん、疲れてないか？」「〇〇さん、うまいことできてるなぁ！」などと声をかけて、作業主任者として「一人ひとりのことを気にかけている」ことをまず示してください。反応を感じながら「困っていること」や「変えた方がいいこと」がないか聞いてみましょう。同僚間のコミュニケーションの問題があるかもしれません。

　同僚が仕事をしている様子をみて、「もっと上手に（うまく）できる方法」「より安全にできる方法」に気付けば伝えることも大切です。「もっと楽にできる方法」についてアドバイスをすることによって職場の雰囲気がかわることもあります。作業主任者に対する信頼も高まり、全体の作業が円滑になっていい仕事ができることにもつながります。むずかしい面がありますが、心がけてみてくださ

い。
　なお、一人で解決できそうもない問題がある場合は、上司や同僚に相談してみましょう。

IV
知っておきたい

作業主任者の知識として欠かせないことは、作業主任者技能講習の中で説明があったと思います。忘れてしまったとしても、作業主任者テキストで確認することができます。この章では、知識をふくらませて、より的確な仕事につながると思われることを取り上げます。

1. 酸素濃度19%のアクション

　「Ⅱ－7．酸素濃度などの判断」でも取り上げましたが、酸素濃度が18%以上21%以下の状態はグレイゾーンだと考えましょう。作業場のどこかにもっと酸素濃度の低いところがあるはずです。

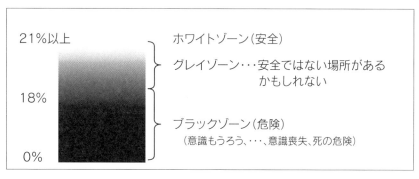

　作業場が酸欠状態になるときのイメージを図にしてみました。作業主任者として担当する作業（場）がどのようにして酸欠になるのかについてイメージ図を作ってみると、酸素濃度測定をどのように（場所、タイミングなど）実施し、どのようなアクションを取ればいいのかを考えるのに役に立ちます。現地の図面・設備装置の図面などで確認して考えてみてください。
　ここでは、酸欠だけ取り上げていますが、硫化水素に関しても同じようにイメージ図をつくることができます。

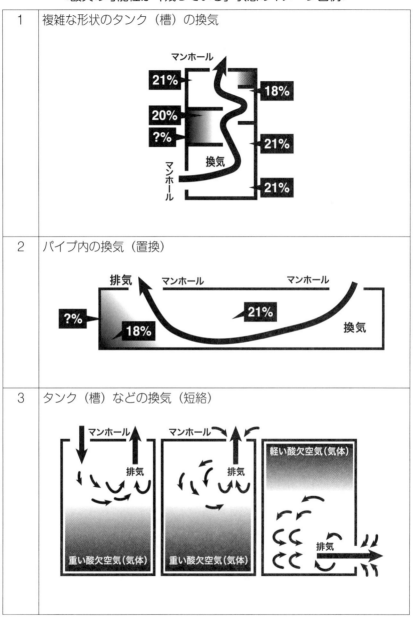

4	タンク（槽）などの中の配管からの漏れ
	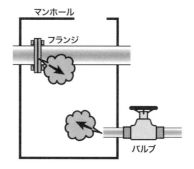
5	圧力（圧気工法）による地層の中の酸欠空気の噴出
	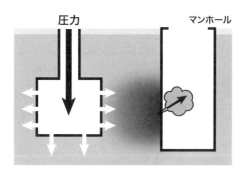
6	地層の中の酸欠空気の漏出

7	酸欠になる可能性のある作業場所のイメージ図①
8	酸欠になる可能性のある作業場所のイメージ図②

※書き込んでみましょう

2. 硫化水素いろいろ

　酸欠則で規定されている硫化水素は、自然由来の（微生物などの活動によって発生したり、地層などの中に存在する）ものです。この硫化水素は中毒の原因にはなりますが、ほとんどの場合、工業的に利用されていません。一方、工業的に利用される硫化水素は、化学的に合成されたりして生産されます。このような硫化水素については、酸欠則以外でも安全に取り扱うための基準が示されています。

　酸欠則では、硫化水素濃度10ppmが基準になって管理の要否が判断されることになっていますが、慢性中毒（長期間のばく露によって生じる健康障害）防止の観点からは1ppm（管理濃度：作業環境評価基準で示された濃度）や5ppm（日本産業衛生学会許容濃度）が管理の指標になっていますし、米国ACGIH（政府産業衛生専門官会議）では短時間許容濃度（短時間（15分）のばく露も避ける必要がある）濃度が5ppmになっています。それだけ有害性のある物質だということになります。

　酸欠則以外では、特定化学物質障害予防規則（特化則）で特定第二類物質として必要な管理が規定されています。重量の1%を超えて硫化水素を含有するものを製造したり取り扱う場合に、慢性中毒や急性中毒を防止するための管理が必要です。これらの作業では、特化物作業主任者が作業主任者としての職務を担うことになります。ややこしいですね。特化則では、硫化水素が発散する場所には局所排気装置を付けて拡散を防いだり、硫化水素を取り扱う設備・装置からの漏えい防止措置、設備・装置の補修時の措置、定期作業環境測定、常時作業者の特殊健康診断の実施などについて規定されています。管理方法などを詳しく確認したい場合は、特化則や特定

化学物質作業主任者テキストで確認してください。

3. 換気できているか

　密閉された（扉や窓を閉め切った）部屋の壁に換気扇があって、換気扇のスイッチを入れました。換気扇の羽根は回るでしょうか。答えは、「回る」です。ただし、回っているのですが、十分な換気（部屋の中の空気を入れ替えること）はできません。外からの空気が十分入ってこない場所では、換気扇はほとんど空回りしていることになります。

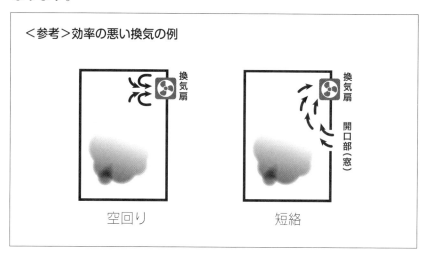

＜参考＞効率の悪い換気の例／換気扇／空回り／換気扇／開口部（窓）／短絡

(1) 換気装置のいろいろ

　換気装置には、建物の壁などに組み込まれた固定式のもの（換気扇など）とポータブルファン（持ち運びできる軸流ファンタイプなど）のような移動式（可搬型）のものがあります。建設作業や保全作業などの出張作業（現地に出向いての作業）ではポータブルファンがよく利用されます。

　換気装置の使用に当たって、一番大切なことは、換気される（酸

欠の空気が排出され、清浄な空気と入れ替わる）ことです。このためには、換気装置の持っている能力が十分あること、能力が発揮されること、能力を十分活かせるように使うことが大切です。

(2)　換気能力の確認

　換気装置の能力は、取扱説明書や換気装置（ポータブルファンなど）に貼り付けてあるラベルに記載されています。じっくりと見たことはありますか。能力が足りているか一度確認しておきましょう。作業する場所の広さや位置によって必要な能力が変わります。不十分なときは、能力のあるものを使うか、台数を増やす必要があります。

(3)　能力を発揮させる

　ポータブルファンのフレキシブルダクト（スパイラル風管）の中を空気が流れるときには、抵抗（圧力損失）があります。特に長いフレキシブルダクトを使う（2本以上をつないで使うなど）場合は、流れる空気の量（送排気量）が想定しているよりも減ることがあります。しっかりとした確認が必要です。

　フレキシブルダクトを分岐（途中でタコ足状にダクトをつなぐなど）して使うときは、すべてのダクトに同じ風量が流れる（同じ排気量になる）とは限りません。このような使い方も注意が必要です。

　フレキシブルダクトが捻じれて流れが止まったり、ダクトに孔が開いたり、接続部に漏れがあったりしては換気装置の能力が発揮されませんので、十分注意しなければいけません。

　換気装置の能力を発揮させるためには、何が必要でしょうか。当たり前ですが、まず「電源をつなぐ」「スイッチを入れる」ことです。動かなければ能力が発揮されるはずもありません。ポータブルファ

Ⅳ　知っておきたい　　87

ンの場合は、プラグがコンセントから抜けないようにしておくこともとても重要です。

なお、可燃性のガスが存在するときなど爆発のおそれがある場所では、防爆タイプの換気装置にしなければ危険です。

(4) 点検整備する

能力が発揮されるように整備（点検・保守）しておくことも欠かせません。作業主任者の職務の一つに、換気装置の点検があります。自分自身で点検するか、同僚にやってもらうかは別にして、作業主任者としての確認が必要です。ポータブルファンなどの点検表がなければ、作成して確実に点検するようにしてください。メーカーが作った点検表もあるはずです。事業場として統一した点検表にする場合は、衛生管理者などに相談して作ってもらいましょう。

(5) 効果的に使う

換気装置の能力を活かすために大切なことは、作業場所に清浄な空気が供給されて酸素濃度が十分に確保できるように使うことです。そのために確認したいのが、気流（換気装置による空気の流れ）です。換気装置は、酸欠の空気を清浄な空気と置換する（入れ換える）ことを目的にした装置です。どこから清浄な空気が入ってきて、酸欠の空気がどのように出ていくかを確認してください。清浄な空気の入口（開口部：マンホール、窓、扉など）または給気装置が必要です。換気しているつもりでも、使い方が適切でないと、この項の冒頭で取り上げた換気扇のように十分な効果が発揮されません。

換気の方法には、外から清浄な空気をたくさん入れて酸素濃度を上げるといった方法もありますが、この場合も作業場所の酸欠の空気がどのように外に出ていくかが問題です。

また、酸欠の原因となっている酸欠の空気（特に不活性気体など）が重いか、軽いか（比重）によって効果的な換気の方法（下にたまった重い気体を排気するか、上にたまった軽い気体を排気するか）が変わります。比重はガスの温度（装置内の温度）によっても変わります。比重のことを十分に考えた換気方法をとることが重要です。硫化水素は空気よりも少し重たいので下の方に溜まりやすいのですが、濃度10ppm程度の場合は、拡散する力も大きく下の方だけに溜まるとは限りません。

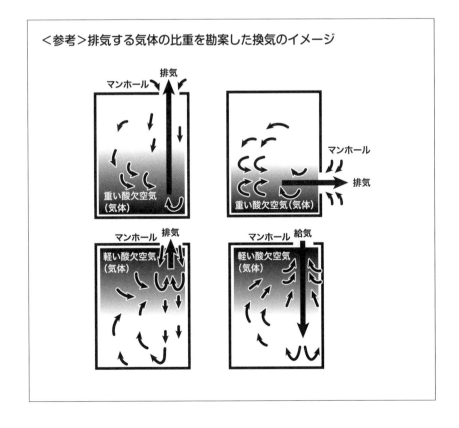

＜参考＞排気する気体の比重を勘案した換気のイメージ

＜ポータブルファンの点検項目例＞取扱説明書を確認してください

部位	点検項目例
スイッチ	損傷、作動不良
電源ケーブル	キンクや被覆の傷
差込みプラグ	変形やガタ
ファン	損傷（亀裂や欠損など）、ゴミや油などの付着
ファンケーシング	変形、網目の損傷（破れなど）
モータ	異音や異常な発熱、発煙、異臭
モータケーシング	変形、ごみ付着（冷却用孔の詰り）、締め具（ゆるみ）
フレキシブルダクト	破れ、孔、接続具（変形など）

＜参考＞換気装置に関する酸欠則の規定

第11条（作業主任者）第2項

 2 ‥換気装置等に異常があったときに、作業を行う場所の空気中の
   酸素（及び硫化水素）の濃度を測定すること。

 3 測定器具、換気装置、空気呼吸器等その他労働者が酸素欠乏症に
   かかることを防止するための器具または設備を点検すること。

Ⅳ 知っておきたい　91

4. 空気呼吸器を活かす

　「空気呼吸器等その他労働者が酸素欠乏症にかかることを防止するための器具または設備を点検する」「空気呼吸器等の使用状況を監視する」ことは酸欠則に規定された酸欠作業主任者の職務です。酸欠則では、空気呼吸器等は空気呼吸器、酸素呼吸器、または送気マスクのことをさします。

　この項では、空気呼吸器の取り扱いについて取り上げます。隧道（トンネル）工事などで使用されることがある酸素呼吸器については、この本では取り上げませんが、空気呼吸器の管理と共通することもありますので参考にしてください。なお、空気呼吸器の使用上の注意や管理（点検）のポイントは、作業主任者テキストなどにも詳細に記載されていますので、確認してください。それぞれの呼吸用保護具に合った管理については、メーカーの資料・情報を確認してください。

(1) 誰でも使えますか

　職場では、毎日のように空気呼吸器を使用していますか。それとも特別の事態への対応（救出など）のために準備しているのでしょうか。ここでは、主として後者の場合を想定して、使用や管理の考え方の要点を取り上げます。

　空気呼吸器は、職場の全員が正しく使えるでしょうか。緊急時の使用などを想定しているのであれば、誰でも使用できるようにしておく必要がありますが、空気呼吸器の装着は、訓練しておかなければむずかしいものです。装着に手間取っていては、対応が遅れてしまいます。また、誤った使い方をするととても危険です。空気呼吸

器を使用する場所は、酸欠の場所となり、間違った使い方をすると使用者自身が酸欠の空気を吸い込む可能性があります。繰り返して訓練するようにしましょう。定期的に（たとえば毎月初めに）訓練する日を設定しておくと確実に訓練ができます。

　めがねをかけている人は面体（全面体の場合）と顔の間に隙間ができます。近視や遠視（老眼）のめがねを外して作業ができるのか確認しておきましょう。ボンベの圧力指示計の見方や残圧が少なくなったときの警報音についても確認しておいてください。緊急作業の場合には、作業に集中して警報音が耳に入りにくいとか、作業場の騒音がうるさくて聞き取りにくいということも考えられます。

(2)　使用可能時間は？

　訓練のときには、ボンベの空気がどのくらいの時間連続して使えるかを実際に使用して確認してみることも大切です。人によって呼吸量（空気の使用量）は違いますし、緊急時への対応時には呼吸量が増えます。救出などで筋力を使うときはなおさらです。連続して使用できる時間を、計算値だけでなく、実際に使用して確認し、安全率を見込んであらかじめ確認しておいてください。一人一回は、訓練として実際に使用して連続使用可能時間を確かめておくことができるといいと思います。ボンベから供給される空気（酸素）の量には限界がありますので、退避の時間も考えて余裕のある使用限界時間を確認しておくことになります。

　また、空気呼吸器はボンベなどを背負うことになります。背中に背負っているものの存在について注意を払うことは結構むずかしいことです。ボンベだけでなく、中圧ホース、圧力指示計などの突起物が作業や移動するときにじゃまになることもあります。救出用に準備していても、入口が狭かったり、通路の障害物があって空気呼

Ⅳ　知っておきたい　　93

吸器を装着した状態では通れないといったことがないようにするためにも訓練や作業場の状態の事前確認が必要です。作業中に中圧ホースなどが何かに引っ掛かって面体が外れてしまうこともあり、このようなことがないようにキチンとした装着の必要性を訓練をとおして理解できるようにしておくことも必要です。

(3)　点検が欠かせない

　使用頻度が高くない保護具の点検は、手抜きをしがちですが、空気呼吸器は命にかかわる保護具です。確実な点検が欠かせません。いくつか例を挙げて考えてみます。

① 　面体（全面体、アイピース）にキズが入っていたり、曇っていたらどうでしょう。空気呼吸器を使用していて前がよく見えなかったらどうするでしょうか。目的の作業ができないばかりか、ケガをしたり、ひょっとしたら思わず面体を取ってしまって酸欠症や硫化水素中毒になることがあるかもしれません。

② 　空気が充てんされたボンベが着いているでしょうか。ボンベの空気量（充てん量）が少なければ作業できる時間が短くなり危険です。緊急時の作業は思ったよりも時間がかかるものです。装着訓練をしたときに、少しずつですが繰り返して空気を使用しているためにボンベの空気量が減ってしまうなどということもあります。なお、ボンベを交換したときに、ボンベを左右逆向き（そく止弁が逆向きになる）に取り付けてしまう可能性もあり、このような状態だといざ装着しようとしても装着できません。ボンベ交換に限らず点検した後には、一度装着してみることも必要です。

　なお、漏れなく確実に点検するためには点検表を作り、抜けのない管理を行うことが必要です。メーカーが点検項目を整理しているはずですので確認してください。また、点検の方法をホームページ

の動画で公開しているメーカーもあります。とてもわかりやすいと思いますので一度見てみてください。

(4) いつでも使える状態に

　使用した後は、次にいつでも使えるように点検整備をしておくことも欠かせません。ボンベの空気量が減ったり、部品交換が必要な場合は、すぐに手配しておく必要があります。もちろん、ボンベなどは予備を準備しておくことも大切です。なお、空気呼吸器が1つ（1セット）しかないために救出作業を一人で行わざるを得ないことになったり、空気ボンベの空気量が減ったときに交換できなかったりということにもなります。準備ができていない場合は、上司と相談して必要な数量を準備しておきましょう。

　なお、空気呼吸器には、面体の中を常に陽圧（外気よりも気圧が高い状態）に保つことができるプレッシャデマンド型のものがあり、広く使用されるようになってきています。呼吸する（息を吸い込む）ことによって面体の中が負圧（外気よりも気圧が低い状態）になると、酸欠の空気が顔と面体のすき間から入り込んでくる可能性があります。プレッシャデマンド型だとこのような心配も少なく、呼吸も楽です。必要だと思う場合は、上司と相談してください。

Ⅳ　知っておきたい　　95

＜参考＞空気呼吸器等に関する酸欠則の規定

第5条の2（保護具の使用等）…（爆発、酸化等を防止するため、または作業の性質上換気することが著しく困難で酸素濃度18％以上、かつ、硫化水素濃度10ppm以下に保つように換気できない場合…同時に就業する…人数と同数以上の空気呼吸器等（空気呼吸器、酸素呼吸器または送気マスク…）を備え、…使用させなければならない。

第7条（保護具等の点検）…空気呼吸器等を使用させ…る場合には、その日の作業を開始する前に…空気呼吸器等…を点検し、異常を認めたときは、直ちに補修し、または取り替えなければならない。

第11条（作業主任者）第2項

1　作業に従事する労働者が酸素欠乏等の空気を吸入しないように、作業の方法を決定し、労働者を指揮すること。

3　測定器具、換気装置、空気呼吸器等その他労働者が酸素欠乏症にかかることを防止するための器具または設備を点検すること。

4　空気呼吸器等の使用状況を監視すること。

第12条（特別の教育）…第一種酸素欠乏危険作業に係る業務に労働者を就かせるときは…次の科目について特別の教育を行わなければならない。

3　空気呼吸器等の使用の方法

第15条（避難用具等）…酸素欠乏危険作業に労働者を従事させるときは、空気呼吸器等、はしご、繊維ロープ等非常の場合に労働者を避難させ、または救出するため必要な用具（以下「避難用具等」という。）を備えなければならない。

第16条（救出時の空気呼吸器等の使用）…酸素欠乏症等にかかった労働者を…救出する作業に労働者を従事させるときは…空気呼吸器等を使用させなければならない。

＜参考＞特殊な作業での空気呼吸器等に関する酸欠則の規定
　　（「Ⅱ－3．酸欠危険場所以外での酸欠の危険」参照）
第21条（溶接に係る措置）　…タンク、ボイラーまたは反応塔の内部その他通風が不十分な場所において、アルゴン、炭酸ガスまたはヘリウムを使用して行う溶接の作業に労働者を従事させるときは、次…のいずれかの措置を講じなければならない。
②　…空気呼吸器等を使用させること。
第23条の2（ガス配管工事に係る措置）　…地下室または溝の内部その他通風が不十分な場所において、メタン、エタン、プロパン若しくはブタンを主成分とするガスまたはこれらに空気を混入したガスを送給する配管を取り外し、または取り付ける作業…は、次の措置を講じなければならない。
②　作業を行う場所の空気中の酸素の濃度を18％以上に保つように換気し、または…空気呼吸器等を使用させること。

Ⅳ　知っておきたい

5. 送気マスクを活かす

(1) 送気マスクの使用

　送気マスクは、字の通り、空気（清浄な空気）を送る呼吸用保護具です。確実に清浄な空気を使用者が吸うことができなければなりません。代表的なものとして、電動送風機形ホースマスクやエアラインマスクがあります。送気マスクの使用上の注意や管理（点検）のポイントは、作業主任者テキストなどにも詳細に記載されていますので、確認してください。点検表を作り、抜けのない管理を行うことが必要です。空気呼吸器の管理と共通することもありますので、「Ⅳ－4. 空気呼吸器を活かす」も参考にしてください。

　送気マスク管理の主な考え方は、①呼吸に必要な量の清浄な空気を送ること、②途中（ホース、送気管）で空気の流れが遮断されないこと、③隙間（顔と面体の間、面体自身の傷・劣化、排気弁）から酸欠の空気が入ってこないようにすることになります。

(2) 想定されるトラブル

　作業中の送気マスクの事故として想定されることとして①送気用の送風機やコンプレッサー（空気圧縮機）が止まる（電源コードが抜ける、故障など）、②高圧空気容器（ボンベ）の空気が無くなる、③エアラインマスクの接続を間違える（接続する工場内配管を間違えて窒素取り出し口などに接続してしまうなど）、④ホースが切れる・屈曲する（重機などの下敷きになるなど）ことなどが考えられます。このほか、⑤空気の取入口から自動車の排気ガスやコンプレッサーの不完全燃焼の排気ガスが混ざった空気（一酸化炭素濃度が高い）が入ってきて、一酸化炭素中毒（CO中毒）で送気マスク使用

者が倒れたなどという事例もあります。⑥ホースが短くて、作業範囲に届かず、作業中にマスクを外してしまうとか、ホースが何かに引っかかり引っ張られてマスクが外れるなどということも考えられます。

(3) もう一度確認しておきたい

　送気マスクを使うのは、一般的には酸欠症や硫化水素中毒の危険がある場所、あるいは他の有害ガスがある場所になります。言い方を変えれば、作業中に送気マスクが外れたり、送気マスクが機能しなくなったりしたら命に関わることになります。いろいろな事態を想定して、安全に使える送気マスクの準備、正しい使用、使用中の要所（コンセントなど）の固定や監視などの対応を行ってください。また、送気マスク使用時は、作業の自由度が減る（動きが限られる）ことによってケガに結び付くことも考えられますので、安全の確保の視点で問題がないか確認することも必要です。

　なお、手動送風機形ホースマスクや肺力吸引型ホースマスクもありますが、人の力に頼った保護具になり安定的に清浄な空気を使用者が吸い込むことができないことが考えられますのでお薦めできません。手動送風型ホースマスクは緊急時の対応用として準備しておくことがあるかもしれませんが、いざというときに正しく使えるように日ごろから使用訓練をしたり、点検しておくことが欠かせません。

＜参考＞厚生労働省通達「送気マスクの適正な使用について」（平成25年10月29日）
インターネットでも検索できますので、確認してみてください。

Ⅳ　知っておきたい　　99

6. 防毒マスクは絶対「ノー!!」

　有害なガスがある環境で使用するための呼吸用保護具として防毒マスクがあります。防毒マスクは、吸い込んだ空気が吸収缶を通過することによって有害成分（有機溶剤など）が除去されます。吸収缶は、除去する対象物質によって有機ガス用や酸性ガス用などの種類があり、適切な吸収缶を使用しなければ効果はありません。

　このような吸収缶の一つとして「硫化水素用」がありますが、硫化水素中毒のおそれのある酸欠危険場所で使用できるでしょうか。もちろん、答えは「ノー」です。硫化水素が除去できたとしても、酸素を増やしてはくれません。防毒マスクは、酸欠に対してはまったく効果がありませんので、「硫化水素用」だからといって、酸欠危険場所では絶対に使用してはいけません。決して安易な判断をしないようにしてください。

　酸欠危険場所で使用できる呼吸用保護具は、清浄な空気（酸素濃度21％以上）を供給することができる空気呼吸器、酸素呼吸器、送気マスクだけです。

> **＜参考＞防毒マスク使用に関する厚生労働省通達（昭和57年基発407号）**
> 　防毒マスク及び防じんマスクは、酸素欠乏症の防止には全く効力がなく、酸素欠乏危険作業には絶対に用いてはならない

酸欠のおそれがあるところでは

7. 要求性能墜落制止用器具？

　「要求性能墜落制止用器具」とは何でしょうか。覚えにくいですね。2018年以前に作業主任者技能講習を受けた作業主任者は「安全帯」として教育を受け、日ごろ「安全帯」と呼んでいたものと同じだと考えておいて構わないでしょう。関係法令の改正で安全帯としては、フルハーネス型安全帯の使用が原則となりました。一定の条件の下では（安全帯を使用して行う作業場所の高さが低い場合には）、胴ベルト型（従来広く使われていたタイプ）を使用することになります。このように法令が求める性能の安全帯などを使用しなければならないことから「要求性能」という言葉が使われています。普段は「安全帯」と呼んでも構いません。

　安全帯は、身体に着けるだけでなく、必要なときにキチンと使うことが大切です。このためには、ランヤード（フック）をかける取り付け設備が必要です。安全帯を使用しなければならない場所に、使いやすい取り付け設備があるか確認しておいてください。ただし、一番望ましいのは、墜落しないような足場や転落防止設備（柵等）などが整備されていることです。

　また、安全帯は正しく着用しなければ、万一転落したときに外れてしまったり、落下したときの力が集中する部位の骨折などに結び付きます。見かけで着用できているということではなく、正しく弛みなく着用するようにしてください。作業の前に職場の同僚同士で相互に確認するようなことも確実な装着のためには効果的でしょう。なお、フルハーネス型安全帯を着用して作業を行う場合は、「フルハーネス型墜落制止用器具の使用に関する特別教育」の受講（修了）が必要になります。

> **<参考>酸欠則に規定された墜落制止用器具**
>
> 第6条（要求性能墜落制止用器具等）　…酸素欠乏危険作業…で、酸素欠乏症等にかかって転落するおそれのあるときは、…要求性能墜落制止用器具その他の命綱…を使用させなければならない。
> ②　…要求性能墜落制止用器具等を安全に取り付けるための設備等を設けなければならない。
> 第7条（保護具等の点検）　…その日の作業を開始する前に、…要求性能墜落制止用器具等及び前条第2項の設備等を点検し、異常を認めたときは、直ちに補修し、または取り替えなければならない。

Ⅳ　知っておきたい　　103

8. 表示を見る

　酸欠危険場所には、立入禁止の表示（看板の掲示など）がされていますか。酸欠危険作業に従事する人以外が酸欠危険場所に立ち入って酸欠症や硫化水素中毒になるのを防止するためです。出張しての作業でも同じです。作業主任者の氏名と職務についても掲示するなどにより周知させることが求められています。

　酸欠危険場所の表示は法令などで義務付けられていますが、どこに表示（掲示）があるか知っていますか。そして、そこにどのようなことが書いてあるのかキチンと読んだことはあるでしょうか。表示は、表示することが目的ではなく、書いてあることを理解して、安全に作業することが目的です。もし読んだことがないのであれば、キチンと確認してみてください。

＜参考＞酸欠則で求められる表示

第9条（立入禁止）…酸素欠乏危険作業に従事する労働者以外の労働者が当該酸素欠乏危険場所に立ち入ることを禁止し…見やすい箇所に表示しなければならない。

＜参考＞酸欠則で求められる表示（厚生労働省通達（昭和57年基発第407号））

…「表示」を行う場合には、少なくとも次の事項を「あわせて記載する…。

(イ) 第一種酸素欠乏危険作業…場所に…は酸素欠乏症にかかるおそれ、第二種酸素欠乏危険作業…場所に…は酸素欠乏症及び硫化水素中毒にかかるおそれがあること

(ロ) 当該場所に立ち入る場合にとるべき措置

(ハ) 事故発生時の措置

(ニ) 空気呼吸器等、安全帯等、酸素の濃度の測定機器、硫化水素の濃度の測定機器、送気設備等の保管場所

(ホ) 酸素欠乏危険作業主任者の氏名

＜参考＞労働安全衛生規則が規定する立入禁止表示など

第585条（立入禁止等）　…関係者以外の者が立ち入ることを禁止し、かつ、その旨を見やすい箇所に表示しなければならない。

　4　炭酸ガス濃度が1.5%を超える場所、酸素濃度が18%に満たない場所または硫化水素濃度が10ppmを超える場所

（注）この規定は、酸欠危険場所以外で酸欠や硫化水素中毒のおそれがある場所のことを想定した立入禁止です。

＜参考＞労働安全衛生規則の求める「作業主任者の氏名等の周知」

第18条（作業主任者の氏名等の周知）　…作業主任者を選任したときは、…作業主任者の氏名及びその者に行わせる事項を作業場の見やすい箇所に掲示する等により関係労働者に周知させなければならない。

Ⅳ　知っておきたい　105

9. ボンベにセンサーに

　保護具や測定器などは、その機能を維持するために点検をし、必要の都度または定期的に部品などの交換が必要です。保護具や測定器などは、見かけは良くても、必要な機能が発揮できているとは限りません。

　寿命があるために更新しなければならないものもあります。酸素濃度計などのセンサーには有効期間があります。測定器に貼ってあるラベルなどで確認できます。センサーの交換はメーカーに依頼して行うことが必要な場合もあります。硫化水素濃度測定などに用いる検知管にも有効期間（検知管の箱に表示）があり、有効期間内の物を使用しなければいけません。

　空気呼吸器のボンベや検知管などは、消耗品と考え、必要なギリギリの数を準備するのではなく、少し余裕を持って次を準備して、想定外の事態にも対応して安全に仕事ができるようにしてください。

　このほか、点検の結果、交換が必要な部品があったり、本体そのものの更新が必要なこともあります。

　このように保護具や測定器を必要なときに確実に使える状態にしておくためには、予算（年度予算、上下予算など）を確保しておくことが欠かせません。予算管理を行う上司や担当部門の理解を得て、必要な予算を確保しておきましょう。効果のない保護具や測定器などを予算の都合で使い続けるようなことがあってはいけません。

Ⅳ 知っておきたい

V

さすが 作業主任者

作業主任者として存在感のある仕事をしたいと思います。各章でも書いてきましたが、職場の中で作業主任者としての信頼を得て職務を進めるために考えておきたいことがあります。

1. 作業主任者への共感

　作業主任者の職務を一人ですべて実施することは実際にはむずかしいと思います。職場の同僚とともに安全に作業ができるようにしたいものです。多くの仕事は、スポーツにたとえれば、個人競技ではなく、チームプレイの必要な競技です。一人でがんばっても試合には勝てないのと同じことです。チームリーダー（監督（選手兼監督？）、キャプテン）が作業主任者です。

　では、職場の同僚の力を引き出すにはどうしたらいいのでしょうか。基本は二つだと思います。

　一つは、作業主任者が「信頼できる存在である」ことです。このためには、同僚を守る（安全に責任を持つ）という姿勢と、作業主任者としての見識（知識と判断力）が必要でしょう。基本的な知識を身に付けることだけでなく、わからないことに対してキチンと調べる（専門家に聞くということでも構いません）という姿勢も大切です。

　もう一つは同僚を信頼することです。「作業主任者が指示をすれば同僚は従うものだ」という考え方は間違っていませんが、裏返して考えれば、「指示がなければしない」、見られていないところでは「指示に従わなくてもいい」といった考えにつながることもあります。同僚の存在を大切に思い、頼りにしていることを、日ごろから口に出して伝えることも必要です。

110

「作業主任者を中心にして、安全に作業を進めよう」という職場にしたいものです。

V　さすが 作業主任者　　111

2. 作業前に一言

　酸欠危険作業を始める前に、作業主任者として職場の同僚に一言伝えておきたいと思います。特別に気の利いたことを言わなくても、同僚に「酸欠のおそれのある場所での作業なので、万全の対策をして安全に作業しよう」という気持ちを思い起こさせる一言でいいでしょう。

　一言は、その日の作業の特徴に関連したことがいい（望ましい）ですが、前の日（前の作業）などに気付いた作業のポイントや、場合によっては、よその（事業場外の）災害事例（「Ⅶ－3. ネタ探し（情報源）」参照）を紹介して作業のポイントを説明するということでもいいでしょう。職場の状態や同僚の関心も考えた内容にしたいものです。

　作業主任者が一人で発言するのではなく、同僚に作業の安全について一言発言してもらうといった方法もあります。作業のポイントを若い人には復唱させる、ベテランには実際の作業での注意点を補足してもらうということも職場の一体感を増すことになるいい方法です。発言することにより、発言した人の記憶に定着し、発言内容に沿った行動をとることにも結び付きます。

　特別な作業（初めての作業、いつもと違う作業、安全を確保するために特別な対応が必要な作業、作業標準書（作業手順書、作業マニュアル）がない作業など）の場合は、しっかりと作業の安全確保のための措置について具体的に確認してください。作業主任者の職務の一つである「作業の方法を決定し、労働者を指揮すること」になります。なお、作業中に予期しない事態が発生したりした場合には、必ず作業主任者に報告相談するように日ごろから伝えておくこ

とも大切です（「Ⅱ－9．変わっていく？」参照）。

　あなたが職場の管理者や監督者でなければ、管理者や監督者と相談して「作業主任者としての一言」を発言する時間を持つようにしてもらってください。

　当然ですが、作業前の一言だけでなく、換気装置や保護具などの作業前の点検も忘れないようにしてください。作業主任者がすべて点検するということではなく、分担して実施したり、保護具は使用する人がそれぞれ点検することを作業主任者がリードして実施することになります。

　さらに、法令では作業主任者の職務になっていませんが、酸欠危険作業では、作業を行う人員の確認が必要です。酸欠危険場所への入場前と退場時の確認を漏れなく実施するようにしてください。

＜参考＞酸欠則で求められる人員の点検

第8条（人員の点検）…酸素欠乏危険作業に…行う場所に入場させ、及び退場させる時に、人員を点検しなければならない。

Ⅴ　さすが 作業主任者　　113

3. 作業中の一言

　「作業を指揮」したり、「空気呼吸器等の使用状況を監視」したりするためには、実際に作業を行っている状態を確認することが必要になります。作業主任者としての仕事以外はしないでいい（監督だけしていればいい）というケースは少なく、自分でも作業をしながら作業主任者の仕事をすることが多いと思います。このような場合は、同僚の作業をずっと見ている（監視している）ことはできないでしょう。このような場合であっても、同僚の作業の様子に関心を持っていることを示すことがとても大切です。このためには、同僚の作業の様子をときどき（安全に作業を進めるために確認が必要なタイミングや一定時間ごとに）確認して声をかけることが必要です。

　「予定通り進んでいるか」「困ったことはないか」や次の作業手順の確認などに加えて、保護具の着用や換気装置の使用方法について声をかけて確認してください。「指導する」とか「監視する」と思わなくても、確認して「声をかける」と考えると声もかけやすいでしょう。長時間続く作業であれば、ちょっとした休憩をするように誘うようなこともあってもいいかもしれません。声をかけるだけでなく、作業がしやすいように邪魔になっている物をどける（整理する）、次の作業手順を考えた準備をするなどといった作業を円滑に進めるためのちょっとした振る舞いが作業主任者の信頼を増し、安全な作業につながることにもなります。

　もし、同僚が不安全な行動をしていることに気付いたらどうしたらいいでしょうか。どのように声をかけるかは、当該の同僚との人間関係によって変わるのが現実だと思います。「○○さーん、ちょっと！」と声をかけた後にどのように話すかを自分で考えてみてくだ

V　さすが 作業主任者　　115

さい。危険が差し迫っているときは別ですが、まず慰労の言葉「〇〇さん、ご苦労さん！」「〇〇さん、順調かい？」から始めると声をかけやすいでしょう。

　なぜ不安全な行動をしているのかに思いを巡らすことも大切です。意識的に不安全な行動をしているのでしょうか。仕事に集中していて不安全な行動をしていることに気付いていない、忘れていた、作業場が暑い（熱中症になりそう）、面倒くさい、…いろいろなケースがあります。このようなことも考えながら話す言葉を選びます。

　いろいろなケースがありますが、同僚の安全のためですから、言うべきことは言う、直すべきことは直すということです。作業主任者の責任として義務的に言うということではなく、相手（同僚）のことを思った納得感のある言葉で、同僚が「あなたの言うとおりだ」「安全な作業をしよう」と思うようにしたいものです。たとえ厳しい言葉であっても、同僚の安全のことを考えて発する言葉は、「思い」とともに伝わるはずです。

　なお、作業中に同僚に声をかけるだけでなく、作業をしている場所、換気装置の稼働状態などが安全に作業を進められる状態になっているかを作業主任者として確認することも忘れないでください。

4. 作業終了後に一言

　安全に作業を終えた同僚には「お疲れさま」と一言声をかけましょう。あわせて、作業をしていて困ったことや不具合がなかったかを確認してください。酸欠の原因や換気などに関して課題があった場合など、次の作業をより安全に行うために活かすことが大切です。上司や関係部門に伝え改善しなければならないことがあるかもしれません。今日の教訓を明日の安全に活かしたいものです。
　保護具や測定器を始めとした用具類や換気装置の整備も分担して確実に実施するようにしてください。使った空気ボンベや検知管などの補充も忘れず手配しておきましょう。

Ⅴ　さすが 作業主任者

5. 定期的に確認する

　酸欠危険作業を安全に行うために、定期的に行うべきことのスケジュールをまとめておきましょう。主な例を挙げますので、作業主任者として、どのようなことをどのようなタイミングで実施したり、確認するといいかを整理してみてください。

＜参考＞定期的に確認すべき事項の例

・毎日（作業を始めるときに）
① 同僚の健康状態の確認
② 換気装置の作業主任者としての使用開始前点検
③ 空気呼吸器等の作業主任者としての使用開始前点検
④ 測定器（酸素濃度計、ガス採取器など）の作業主任者としての使用開始前点検
⑤ 空気呼吸器等の使用者各人による点検の指導
⑥ 装着形検知警報器の各人による点検の指導
⑦ 通常の作業と違う（場所での）作業の有無の確認
⑧ 作業手順・分担・監視人の確認（作業標準書（作業手順書、作業マニュアル）の確認など）
⑨ 酸素濃度（硫化水素濃度）測定
⑩ 酸欠危険場所への入退場人員の確認
⑪ 監視人との打合せ
⑫ 異常時等の措置（連絡方法など）

・毎日（作業を終えたときに）
① 空気ボンベや検知管の残量（在庫量）の確認

・月に1回
① 空気呼吸器等の定期点検、予備空気ボンベの確認
② 測定器（酸素濃度計、ガス採取器など）の定期点検、検知管の有効期間の確認
③ 換気装置の定期点検
④ 職場安全衛生会議（事業場安全衛生委員会）への報告

・6ヶ月に1回
① 空気呼吸器等の使用訓練

・1年に1回
① 測定器（酸素濃度計など）のセンサー交換
② リスクアセスメントの確認（リスクアセスメントは、作業方法などを変更するときに行う必要がありますが、特に変更がないときでも1年に1回くらいはリスクアセスメントの結果と実態に乖離がない（かけ離れていない）か確認しておきたいものです）

6. リスクアセスメントに加わる

　リスクアセスメントは、事業場が定める方法に従って実施することになります。作業主任者がリスクアセスメントの実施メンバーに必ず加わらなければならないということではありませんが、加わるのが望ましいということになります。作業の実態を知る立場で検討に加わることになりますので、ありのままの状態がリスクアセスメントに反映されるようにしましょう。形式的なリスクアセスメントでは、リスクアセスメントの意味がありません。

　リスクアセスメントの実施に加わるときに特に気を付けなければならないことがいくつかあります。一つは「自分たちは決められた通り作業をするから問題は起きない」と思いがちなことです。決められた手順通りに作業を進めることは大切ですが、実際の作業中では、いろいろな状況の変化があったり、思わぬトラブルがあったりして予定通りに作業が進まないことも多いものです。このようなことを思い起こしてリスクアセスメントに反映してください。

　もう一つは、見直しに関してです。リスクアセスメントは、基本的には事前予測です。実際に作業を始めてみると、事前に気付かなかった状況や課題に気付くこともあるかもしれません。一度実施したリスクアセスメントの結果が絶対ではなく、作業の実態を踏まえて必要な見直しを行うことが大切です。

7. 酸欠だけでなく

　酸欠作業主任者の法定の職務は、酸欠症や硫化水素中毒防止に関することだけですが、関連して気を付けなければいけないことがあります。

　酸欠の空気と一緒にメタンなどの可燃性ガスが発生していることがあります。また、一酸化炭素などの有害なガスが存在していたり、作業中に流れ込んだりするおそのある場所もあります。このような可能性がある場所では、爆発や火災、中毒に関して必要な調査（測定など）と措置（防爆使用の機器の使用、流入防止、換気など）が必要です。使用する保護具なども、これらのことを考えた適切なものを選択することが必要になります。

　この他、騒音が大きい、不自然な作業姿勢になるなど、身体に大きな負担になることがないかにも関心を持って、より安全な作業に結び付けてください。作業中に墜落や挟まれなどでケガをしないようにすることが必要なことは言うまでもありません。

VI

みんなの力で

繰り返し記載してきましたが、職場の安全衛生管理は作業主任者が一人で実施するものではありません。職場のみんなが、作業主任者と一緒に前向きに安全な作業に取り組めるようにすることが欠かせません。さらに事業場内の関係者の力も得て、作業主任者として職務を行いたいものです。

1. 職場で勉強会をしてみよう

職場で酸欠危険作業を安全に行うために勉強会をしましょう。職場安全衛生会議や安全衛生管理に関する定期勉強会を開催する中で、酸欠に関しての勉強もするというやり方もあります。

職場の酸欠作業主任者技能講習修了者や酸欠特別教育修了者と分担したり、協力して実施すると職場の一体感をより深めることになるでしょう。技能講習や特別教育を一回受けただけで、その後その内容を振り返ることがない同僚も多いのではないでしょうか。

(1) 勉強会のテーマ

勉強会の内容はいろいろと考えられます。ただし、あまりに細かすぎる内容や実際の職場の仕事とまったく関係のないことは、同僚も関心を示さないかもしれません。職場での作業に結び付けて質問（「Ⅶ－2. クイズネタ」参照）をする時間を織り込むなどして、同僚の関心を引き出して、実際の作業の安全に結び付けたいものです。資格取得の教育ではありませんので、職場の実態や同僚の知識・経験に合わせた内容と時間にするといいでしょう。テーマを決めて意見交換をするといった方法もあります。

(2) 職場勉強会の方法の例

・作業主任者が講師になって安全な作業方法や法令の規定について説明する。

・技能講習テキスト（作業主任者テキスト）や特別教育テキストの内容を分担を決めて勉強して、メンバーが順番に講師として説明する。

・実際に行っている酸欠危険作業の課題がないか意見交換する。テーマを決めた方が意見が出やすくなるかもしれません。

・作業主任者が小テスト（「Ⅶ－2．クイズネタ」、「Ⅶ－3．ネタ探し（情報源）」参照）を作って実施し、あとで解説する。小テストは、事業場で同じものを利用する方法もあります。この場合は、衛生管理者に相談するといいでしょう。

(3) 新人への教育

　勉強会ではありませんが、新人（新入社員など）に対する教育も大切です。もちろん、酸欠危険作業に従事する前に酸欠特別教育を行うことは必要です（「Ⅵ－2．講師にチャレンジ」参照）が、キチンとした仕事ができるように指導することも欠かせません。キチンとした作業が安全の基本です。新人の指導は、作業主任者の仕事だとは限りませんが、上司や同僚とともに取り組んでください。

Ⅵ　みんなの力で　　125

2. 講師にチャレンジ

(1) 心がけたいこと

　作業主任者として教育の講師をすることがあるかもしれません。講師をするときに、大切にしたいことがいくつかあります。一般的には、講師が教える（伝える）べきことをしっかり勉強して、整理して話をし、受講者がしっかりと講師の話を聞いて頭に入れるということになり、欠かせないことです。でも、むずかし過ぎることや、実際の仕事に関係のないことを並べてみても、なかなか頭に入らず、役に立たないということもあるでしょう。職場の仕事と関連づけて、絶対に実施しなければならないことを確認するというところから始めましょう。

　講師をするに当たっての予習は自分自身の知識を深めることにもなります。もし予習の段階でよくわからないことがあれば、自分で調べたり、衛生管理者に聞いたり、産業医に教えてもらってください。

(2) 質問があったら

　教育中に質問があって即答できないことがあったり、説明の中で行き詰まるようなことがあっても、戸惑ったり、恥ずかしく思う必要はまったくありません。「よくわからないから調べて（確認して）後で答えるので待って欲しい」と言えばいいのです。ひょっとしたら職場の同僚の中に答えを知っている人がいるかもしれませんので、「誰かわかる人はいませんか」と助けを求めることもできます。作業主任者といっても何でも知っているわけではないのですから、そんなに気負わずに、教育の場に臨みましょう。ただし、「後で答

える」と言ったことに関しては、必ず調べて答えるようにしましょう。このようにすると、職場の講師として、また作業主任者として信頼を得ることにつながります。熱血講師にチャレンジしてみましょう。職場での教育をするときに大切なことは、「みんなと安全にいい仕事をしたいという思い」だと思います。

(3) 酸欠特別教育

　前の項などでも触れましたが、酸欠危険作業は、法令で規定された「酸素欠乏危険作業特別教育」を受講した人しか従事することができません。

　酸欠特別教育は、作業主任者の判断で行うのではなく、事業場として実施することになります。事業場内の適任者（講師にふさわしい知識を持っている人）が講師をして実施することもできますし、外部機関で実施する教育を受講することも可能です。経験や知識のある作業主任者が講師をすることがあってもいいと思います。ただし、事業場内で行うときは、中災防の安全衛生教育センター（東京、大阪）などで行われている講師（インストラクター）養成研修を受講してから講師をすることが望ましいということになります。

＜参考＞特別教育に関する酸欠則の規定（一部簡略化して表記）

第12条　事業者は、…酸素欠乏危険作業に係る業務に労働者を就かせるときは、…次の科目について特別の教育を行わなければならない。

　1　酸素欠乏等の発生の原因

　2　酸素欠乏症等の症状

　3　空気呼吸器等の使用の方法

　4　事故の場合の退避及び救急そ生の方法

　5　その他酸素欠乏症等の防止に関し必要な事項

　（注）告示で各科目の教育範囲と教育時間が決められています。

Ⅵ みんなの力で

3. ヒヤリ・ハットを活かす

事業場にヒヤリ・ハット報告制度がありますか。職場の同僚には、酸欠に関わるヒヤリ・ハット報告も積極的に出してもらいましょう。職場の同僚の気付きを活かして、より良い職場にしていく方法の一つとしてヒヤリ・ハット報告はとても有効です。

もし、酸欠に関するヒヤリ・ハット報告があった場合、その対象となった作業にあなたが関わっていないのであれば、報告してくれた人とともに現地に出向いたり、現場を確認したりして、どのようなことがあったのか自分の目で確認するとともに、報告した人から状況について話を聞きましょう。事実の確認だけでなく、報告した人の思いや意見を聞くことも大切です。

作業に関連したヒヤリ・ハット報告は、本人のミスや不注意が原因で「気を付ければ、起きなかった」と片付けられてしまうことがあります。本当にそうなのでしょうか。「ミスや不注意の原因は何か」を考えて対応することによってミスや不注意を無くす（減らす）ことができるかもしれません。

ヒヤリ・ハットの原因が設備の不具合などにあって、職場で（作業主任者の力だけで）解決できない場合は、上司や関係部門に報告して、対策に結び付けてください。このようなアクションが、作業主任者の信頼を高め、職場内のコミュニケーションを深めることにつながります。

作業主任者自身がヒヤリ・ハットを積極的に報告することも重要です。ささいな失敗も含めて報告するといいでしょう。誰でも失敗することがあります。同じような失敗を減らすためには、注意力を高めるための気付きの機会を持つことも必要です。自分の失敗をみ

んなの前で話したり報告したりすることは、はずかしかったり、つらく感じることもあるかもしれませんが、同僚のためです。作業主任者が見本を示すつもりで、小さな問題でも職場で共有して、より安全な作業に結び付けてください。

4. 作業主任者同士で知恵を出し合おう

　一人で考えていても知恵が浮かばなかったり、自信が持てなかったりすることがあります。職場内や事業場内に、あなた以外に酸欠作業主任者がいれば、情報交換の場を持ちたいものです。自分たちだけで企画できない場合は、上司や事業場の衛生管理者に相談してみましょう。

　あなた自身が困ったことを感じていなくても、他の作業主任者が悩んでいることがあるかもしれません。そんなときに、相談に乗ってあげたいものです。その場で答えがでなくても、話をする中で解決の糸口が見つかることも少なくありません。

　情報交換の場は、できれば定期的に持ちたいものです。たとえば、年に1～2回でもいいでしょう。全国労働衛生週間（毎年10月1日～7日）の事業場行事にしてもらうことも考えられます。

　情報交換のときに特別のテーマが無く、懇談に終わることがあるかもしれませんが、身近に同じ立場の人がいることを確認できるだけでも心強いものです。法改正などがあれば、改正内容などについてお互いに勉強したりすることがあってもいいでしょう。社外の酸欠災害事例を持ち寄って、事業場で活かすべき教訓を導き出す場にしたり、職場勉強会用のネタ（資料、クイズなど）を一緒に作る場にすることもできるでしょう。衛生管理者や関係する技術者を講師にして作業主任者勉強会をするということも考えられます。

VI みんなの力で

VII

役に立ててください

作業主任者として、酸欠症や硫化水素中毒防止に関連する情報（ネタ）や活用できるツール（手法）はたくさん持っていた方がいいと思います。参考になりそうなことを取り上げてみます。

1. チェックリストの例

酸欠危険作業を行うときの管理状態を確認するためにチェックリストを使う方法があります。チェックリストですべての確認はできませんが、要点を抑えた管理ができます。担当する職場（作業）についてチェックリストを作ってみてください。

＜参考＞第一種酸欠危険作業自主チェックリストの例

項目	チェック内容
測定	作業開始前及び作業再開時に酸素濃度測定が実施されていますか？
	酸素濃度測定は、酸欠作業主任者が行っていますか？
	酸欠危険場所の外からセンサーを垂らす等の方法で測定していますか？
	内部に立入って測定しなければならない場合、空気呼吸器等の呼吸用保護具を装着していますか？
	測定点は5点以上（水平方向、垂直方向それぞれ3点以上）測定していますか？
	作業する場所のすみずみまで安全に作業ができるか測定で確認していますか？
	測定記録は3年間保存されていますか？
測定機器管理	測定器は年1回以上、メーカーによる点検・校正が実施されていますか？
	使用開始前点検及び定期的な自主点検を実施していますか？

換気	酸素濃度が21%以上となるよう換気できていますか？
	酸欠の空気が滞留している場所はありませんか？
保護具	空気呼吸器等は同時作業者の人数と同数以上備えていますか？（換気できない場所で作業する場合）
	安全帯を使用していますか？（墜落のおそれのある場所で作業する場合）
	作業開始前に空気呼吸器、安全帯等の点検を酸欠作業主任者が実施していますか？
立入禁止	酸欠危険場所で作業する場合、当該場所を立入禁止としていますか？
	立入時の措置、事故発生時の措置などについて表示していますか？
作業主任者	酸欠作業主任者が選任されていますか？
	作業主任者が不在のときの対応（他の有資格者の選任など）が実施できていますか？
	作業主任者の氏名・職務は表示されていますか？
	作業開始前に安全な作業方法及び異常時の措置を決定し関係作業者に周知していますか？
監視人	監視人を配置し、常時作業状況を監視していますか？
	異常時などに監視人と関係者の連絡方法などの確認ができていますか？
避難用具	避難用具等（空気呼吸器、はしご、ロープ等）を準備していますか？
点検	空気呼吸器等、測定器、換気装置の定期点検を毎月初に実施していますか？
特別教育	作業者は酸欠作業特別教育を受けていますか？
訓練	空気呼吸器等の装着、緊急時対応などの訓練を定期的に実施していますか？
情報共有	作業を行った中で気付いた課題（改善すべき点など）は、上司や関係者と共有していますか？

Ⅶ　役に立ててください　　137

2. クイズネタ

　職場の勉強会や教育のときに使うことを想定して、クイズネタを例として作ってみました。参考にしてください。クイズを通して、酸欠危険作業実施時の適切な措置について再確認することもできます。クイズを使うことで、勉強会や教育の参加者・受講者の関心も高まりますし、職場の一体感も深まります。自分でもクイズを作ってみてください。作業主任者としての知識を深めることにもなると思います。

＜参考＞職場で使えるクイズネタの例

①　酸素濃度○％のときに現れる酸欠の症状は？

②　○○作業が酸欠危険作業になっている理由（酸欠の原因）は？

③　富士山の頂上の酸素濃度は？

　（酸素濃度は空気中の酸素の割合ですが、高い山では気圧が低くなるため、空気全体がうすくなり、呼吸で利用できる酸素の量が減ります）

④　不活性ガス（気体、酸素濃度0％）が入っていた内部の形状が複雑なタンク（想定した図面を準備）をポータブルファン1台で換気（不活性ガスを排気）する場合、酸素濃度が低いままになりそうな場所はどこか？

　・不活性ガスの比重（重さ）が空気より重い場合（アルゴン、炭酸ガス（二酸化炭素、ドライアイスガス）など）

　・不活性ガスの比重（重さ）が空気とほぼ同じ場合（窒素など）

　・不活性ガスの比重（重さ）が空気より軽い同じ場合（ヘリウムなど）

⑤　臭いのするガスの種類は？　臭いがしないガスの種類は？

　メタン、ブタン、プロパン、一酸化炭素、二酸化炭素、酸素、窒素、ヘリウム、アルゴン、水素、アンモニア、硫化水素、…

　（答え）例として挙げたガスの中で臭いがするのは、ブタン、アンモニア、硫化水素だけです。メタンやプロパンは臭いがすると思って

いる人がいますが、純粋の気体は無臭です。有害なガスは臭いがするというのも誤解です。職場や家庭で中毒事例が多い一酸化炭素（CO）も無臭です。家庭で利用される燃料ガス（都市ガス等）は漏れたときにすぐに気付くように微量でも強烈な臭いのする付臭剤が添加されています。酸欠に関係するガスについて、どのようなガスが臭いがして、どのようなガスが臭いがしないのか調べてみてください。

⑥ 空気中の酸素が徐々に減って酸欠になる場合の原因はどのようなことが考えられる？

⑦ 空気中の酸素が一気に減って酸欠になる場合の原因はどのようなことが考えられる？

⑧ 酸素濃度17%、一酸化炭素濃度1%のとき酸欠になる？

（答え）酸欠の状態ですが、通常は酸欠症にはなりません。ただし、一酸化炭素の毒性が強いために一酸化炭素中毒になり、一呼吸で倒れてしまい、死につながります。

⑨ 都市ガス、LPG（液化石油ガス）、LNG（液化天然ガス）は一酸化炭素中毒の原因になる？

（答え）LPGとLNGは気化させてガスの状態で利用されます。生のガスが漏れると火災・爆発の原因になります。いずれのガスも不完全燃焼すれば、一酸化炭素が発生して中毒になることがあります。⑤の答えに記載したとおり、どのガスも一般家庭用のものは、ガス漏れに早く気付くように臭いが付けてあります。理屈上は、これらのガスが充満している場所（タンク内）では酸欠症になります。

（都市ガス：LNGか、LNGにLPGを混合したガスが大半で一酸化炭素中毒にはなりません。LNGはメタンが主成分で気化すると空気よりも軽く、LPGはプロパンやブタンなどが主成分で気化すると空気よりも重い気体になります。）

※書き込んでみましょう

⑩

⑪

VII　役に立ててください　139

3. ネタ探し（情報源）

　職場で勉強会をするときやクイズネタなどの情報を得る手段はいろいろとあります。もっとも基本になるのが、作業主任者テキストなど（次頁参照）になります。

　また、厚生労働省の「職場のあんぜんサイト」でも豊富な情報を確認できます。パソコンやスマートフォンで検索してみてください。

　「職場のあんぜんサイト」で、作業主任者として特に役に立つと思われるのは「災害事例」です。キーワードに「酸素欠乏」と入力して検索してみてください。たくさんの災害事例が確認できます。さらに絞り込むこともできます。たとえば、「さらに絞り込む（発生要因）」の「管理」の欄で「保護具、服装の欠陥」を選択すると保護具に関連した事例に絞り込むことができます。「発生状況」「原因」「対策」の説明があり、多くの事例に発生状況のイラストも付けられています。職場で活用する場合は、説明が細か過ぎるかもしれません。その場合は、作業主任者が職場で活用できるように簡潔に要点をまとめるといいでしょう。

　「職場のあんぜんサイト」には、ヒヤリ・ハット事例も掲載されています。「ヒヤリ・ハット事例」の頁を開き「有害物との接触」のアイコンを選択するとイラスト付きの事例を確認することができます。

　このほか、厚生労働省HP（「政策について」⇒「分野別の政策一覧」⇒「雇用・労働／労働基準」⇒「施策情報／安全・衛生」）や中災防／安全衛生情報センターのサイトなども参考になります。

＜作業主任者必携のテキスト＞（中央労働災害防止協会発行）

書名	概要
酸素欠乏危険作業主任者テキスト	作業主任者技能講習用のテキストです。技能講習のカリキュラムに沿って詳細に説明されています。
酸素欠乏症等の防止（特別教育用テキスト）	特別教育用のテキストです。特別教育のカリキュラムに沿って詳細に説明されています。

＜ネタをワンランクアップできる出版物＞（中央労働災害防止協会発行）

書名	概要
労働衛生のしおり	全国労働衛生週間実施要綱、最新の労働衛生対策の展開を解説。さらに業務上疾病の発生状況などの統計データ、関係法令、主要行政通達など職場で役立つ資料を豊富に掲載。毎年8月頃発行
作業者のための安全衛生ガイド 酸素欠乏等危険作業	特に知っておくべきポイントに絞り、イラストを交えてビジュアルに解説。フォローアップ教育や、安全衛生の振り返りにも活用できる副教材です。

＜参考＞酸欠危険作業の方法に関する厚生労働省の主な行政通達

（この本の他の章で取り上げていない通達）

・（昭和62年7月6日基発第413号）下水道工事等における酸素欠乏症及び硫化水素中毒等の防止対策の徹底について

・（平成27年3月30日基安労発0330第2号）温泉関係施設における硫化水素中毒防止対策の徹底について

・（原則として毎年発出される通達）○○年に発生した酸素欠乏症等の労働災害発生状況について

VII　役に立ててください　　141

おわりに

　法令で作業主任者の選任が必要とされている作業は、酸欠危険作業を含めて20以上あります。有機溶剤作業主任者、特定化学物質作業主任者などです。おおむね共通している職務は、作業方法の決定、作業の指揮、換気装置や安全装置の点検、保護具の着用状況の監視です。酸欠作業主任者は、これらの職務に加えて、実際に酸素濃度や硫化水素濃度の測定を行って作業を安全に行うことができるかを確認するという職務を担うことになります。この本の中でも取り上げていますし、技能講習の中でも詳しく説明があったとおりです。とても責任の重い仕事です。大変だと思いますが、同僚の安全を任されていることを忘れずに、作業主任者としての役割を果たしてください。

　ただし、本文中で繰り返し書きましたが、作業主任者の職務を的確に実施するためには、職場の同僚や上司とともに取り組むことが欠かせません。一人で責任を背負い込むのではなく、みんなで考え、みんなで安全に仕事をするということが大切です。このような職場や人間関係を作っていきたいものです。いい仕事をすることにもつながります。作業主任者には、このような職場をつくるリーダーとしても活躍してもらいたいと思います。この本も参考にして、あなたが同僚や上司の信頼を得て作業主任者としての職務をまっとうし、「自分が作業主任者になってよかった」と思えるようになってもらえたら幸いです。

　あなたを含めた職場のみなさんが安全にいい作業ができることを願っています。

福成 雄三（ふくなり ゆうぞう）

（公財）大原記念労働科学研究所特別研究員
労働安全コンサルタント（化学）
労働衛生コンサルタント（労働衛生工学）
日本人間工学会認定人間工学専門家

1976年住友金属工業㈱（現：日本製鉄㈱）に入社。以後、安全衛生関係業務に従事。日鉄住金マネジメント㈱社長を経て、2016年6月まで中央労働災害防止協会教育推進部審議役。

今日から安全衛生担当シリーズ
酸素欠乏危険作業主任者の仕事

平成31年4月26日　第1版第1刷発行

著　者	福成　雄三
発行者	三田村憲明
発行所	中央労働災害防止協会
	〒108-0023
	東京都港区芝浦3丁目17番12号　吾妻ビル9階
	電　話　（販売）03-3452-6401
	（編集）03-3452-6209
カバーデザイン	ア・ロゥデザイン
イラスト	ア・ロゥデザイン
印刷・製本	株式会社丸井工文社

落丁・乱丁本はお取り替えいたします。　　©Yuzo Fukunari 2019
ISBN978-4-8059-1865-4　C3060
中災防ホームページ　https://www.jisha.or.jp

本書の内容は著作権法によって保護されています。本書の全部または一部を複写（コピー）、複製、転載すること（電子媒体への加工を含む）を禁じます。

中災防の図書

今日から安全衛生担当シリーズ

福成雄三著　各A5判

初めて安全衛生担当に選任された人たち向けに、行うべき職務等について、より現場的な観点から実践的に解説するシリーズ。新しく選任された担当者向けに、具体的に何をどのように行うのか、法令に定められた職務について、現場的に解説する。今日から役立つ仕事の教科書。

衛生管理者の仕事　平成29年7月発行
ISBN978-4-8059-1760-2 C3060　No.24800　本体1,200円＋税

安全管理者の仕事　平成29年11月発行
ISBN978-4-8059-1780-0 C3060　No.24801　本体1,200円＋税

総括安全衛生管理者の仕事　平成30年4月発行
ISBN978-4-8059-1799-2 C3060　No.24802　本体1,200円＋税

有機溶剤作業主任者の仕事　平成31年3月発行
ISBN978-4-8059-1863-0 C3060　No.24803　本体1,000円＋税

特定化学物質作業主任者の仕事　平成31年4月発行
ISBN978-4-8059-1864-7 C3060　No.24804　本体1,000円＋税

産業医の仕事　平成31年4月発行
坂田晃一・福成雄三著
ISBN978-4-8059-1866-1 C3060　No.24806　本体1,700円＋税

お申込み・お問合せは…
中央労働災害防止協会（出版事業部）
TEL 03-3452-6401　FAX 03-3452-2480